AI와 디자인 언어

AI문고

인공지능 시대입니다. 기계가 인간의 인지를 대신하고, 사물이 인간을 통하지 않고 다른 사물과 직접 커뮤니케이션합니다. 이에 따른 인간 삶과 문명 변화를 정확히 이해·예측·대응하는 것은 이 시대 우리 모두의 과제입니다. AI문고는 인공지능 기술과 환경의 여러 주제를 10가지 키워드로 정리합니다. 관련 개념과 이론, 학계와 산업계의 쟁점, 우리 일상의 변화를 다룹니다. 인간과 기술의 현재, 미래를 세심히 분석합니다.

일러두기

- 인명, 작품명, 저서명, 개념어 등은 한글과 함께 괄호 안에 해당 국가의 원어를 병기했습니다.
- 외래어 표기는 현행 어문규정의 외래어표기법을 따랐습니다.

처음이세요?

전문가세요?

AI와 디자인 언어

조택연

대한민국, 서울, 커뮤니케이션북스, 2025

AI와 디자인 언어

지은이 조택연
펴낸이 박영률

초판 1쇄 펴낸날 2025년 6월 20일

커뮤니케이션북스(주)
출판 등록 2007년 8월 17일 제313-2007-000166호
02880 서울시 성북구 성북로 5-11
전화(02) 7474 001, 팩스(02) 736 5047
commbooks@commbooks.com
www.commbooks.com

ISBN 979-11-430-0568-7 03500

책값은 뒤표지에 표시되어 있습니다.

차례

신경 지능 그리고 인공지능

신경 지능이 만든 제품

200만 년 전, 솜씨를 가지게 된 인류가 생산한 첫 제품은 석기다. 5500년 전, 정교하게 솜씨를 다듬은 기술로 무동력 기계를 만들기 시작했다. 200년 전, 기술에 과학을 더하며 공학에 이른 인류는 효율적인 동력 기계를 생산하게 되었다. 20세기 초, 전기의 흐름을 섬세하게 제어하는 전자 공학으로 전자 제품을 만들었다. 20세기 중반, 마침내 전기를 부호화한 컴퓨터 공학이 디지털 제품을 만들었다. 21세기의 인류는 자신의 뇌를 닮은 인공지능 제품을 만들고 있다.

200만 년 전 호모 하빌리스에게 나타난 브로카 영역(Broca's Area)은 현대인의 언어 지능이다. 언어를 사용하지 않는 뇌에 문장을 생성하는 지능이 나타난 것은 다소 모순처럼 보인다. 하지만 하빌리스의 브로카 영역은 언어가 아닌, 도구를 만드는 데 사용되었다. 의미 기억을 시간 순서로 배열하면, 여러 가공 단계를 통합한 공정으로 도구를 만들 수 있었다. 이렇듯 유인원의 정교한 손

동작과 브로카 영역의 순차 기억을 연동해 얻은 솜씨로 도구를 만들게 되었다.

6000년 전 토기를 더 쉽게 만들기 위해 점토를 회전시키는 물레가 등장했다. 물레를 마차로 바꿔 바퀴의 유용성을 극대화한 것은 5500년 전이다. 잘 구르는 마차 바퀴를 만들려면, 솜씨를 정교하게 다듬은 기술이 필요하다. 또한 오랫동안 원활하게 구동되는 바퀴만이 목적하는 쓰임을 다하는 유용성을 갖추게 된다. 이러한 기술 수준의 제품은 복잡한 공정을 구성할 수 있는 전문화된 솜씨가 있어야 만들 수 있다.

동력 기계가 근육의 노동을 대체하면서 산업 혁명이 시작되었다. 배수펌프나 증기 기관 같은 초기 동력 기계는 근육을 대체하는 한 가지 동작만 가능했다. 하지만 동력 기계의 유용성이 높아지며 인간의 솜씨를 대체할 수 있는 복합 동작 기계로 바뀌었다. 기계의 힘을 섬세한 솜씨로 변환할 가능성을 깨닫게 된 것이다. 천공 카드로 섬유에 무늬를 넣는 자카드 직조기같이 여러 동작을 순차적으로 수행해 인간의 솜씨를 대신하게 되었다. 20세기에 이르면, 복합 동작 기계는 작동 시점을 스스로 판단할 수 있는 디지털 기계로 변화한다.

동력 기계의 높은 유용성으로 인간의 솜씨를 대체한

산업은 대량 생산 체계를 갖추었다. 대량 생산 산업 환경을 차지하게 된 동력 기계들은 곧, 너무 많은 석탄이 소비되는 문제를 마주했다. 석탄과 일 사이의 관계를 이해한 열역학의 출현으로 기술 제품이던 기계의 위상이 공학 제품으로 바뀌었다.

200년 전, 기계 작동에 사용되는 에너지의 일 전환과 보존의 구조를 밝힌 열역학이 기술을 공학으로 옮긴 것이다. 열역학같이 현상의 성질을 수학적 구조로 서술하는 이론이 기술과 결합하며 공학이 출현했다. 공학으로 지위를 옮긴 제품이 인간의 솜씨를 대체하며 20세기 문명을 이끌었다.

19세기 초에 발견된 전류의 성질이 맥스웰 방정식으로 이해되며 일을 전기로 변환할 수 있게 되었다. 20세기 초, 전기의 성질에 대한 이해가 전자로 확장되며 전자의 흐름을 재료로 사용하는 제품이 나타났다. 전자의 성질을 알고 이를 제어해 신호를 생성, 변조, 증폭함으로써 원하는 기능을 실현하는 전자 제품이 출현한 것이다. 전기 회로를 따라 흐르는 전자 신호를 제어할 수 있게 되며 나타난 새로운 공학 영역이다. 전자 제품은 물리적 부품으로 전자의 흐름을 제어해 원하는 기능을 얻는다.

20세기 중반, 부품으로 구성한 회로로 전자의 흐름을

제어하지 않고 논리 게이트로 전자를 제어할 수 있게 되었다. 전기의 흐름을 제어하는 트랜지스터(Transistor)를 초소형화하고 집적한 회로(IC)에 구성하는 논리 게이트다. 집적 회로는 인간의 언어 사유를 논리 게이트로 구성해 입력값과 출력값 사이에 함수 관계를 맺는다. 집적 회로에 구성한 논리 회로는 모니터에 비치는 동영상처럼 빠르게 재구성할 수 있었다. 이런 디지털 제품은 많은 전자 제품의 기능을 실시간으로 변환하고 재구성할 수 있다.

21세기, 인간의 개입 없이 집적 회로 스스로 사실의 성질을 함수로 변환하고 이를 논리 게이트로 구성할 수 있게 되었다. 신경 지능을 흉내 낸 인공지능은 인간의 인식보다 더 빠른 속도로 사실의 성질을 깨닫는 비선형 신경망을 사용한다. 인공지능 제품은 신경 지능의 해석으로 구현하기 어려운 사실의 다중 성질을 제품에 담을 수 있다. 이제 인간을 학습한 인공지능 제품은 인간이 원하는 것을 스스로 이해하고 제공할 수 있다. 이런 인공지능을 유용하게 사용하려면 인간에 대한 깊은 이해가 필요하다.

신경 지능이 만든 지식

인류의 첫 도구는 진화를 통해 얻은 신경 지능을 사용해 얻었다. 오스트랄로피테쿠스 아파렌시스는 날카로운 돌날을 얻어 생존 과제를 해결했다. 케냐 로메크위(Lomekwi) 3 지역에서 발견된 날카로운 석편(石片)은 호미닌을 인류로 진화하게 한 도구다. 하지만 400cc에 불과한 아파렌시스의 작은 뇌에는 도구를 만들 만큼 복잡하고 정교한 솜씨가 자리 잡을 공간이 없었다. 다만 아파렌시스의 두정엽에 팽창한 모이랑(Angular Gyrus: BA 39)이 먼 2개의 사건을 하나로 연결해 복잡한 인지 의미를 구성할 수 있었다. 이는 아파렌시스가 던진 강돌이 바위에 부딪혀 사방으로 흩어졌던 날카로운 파편과 그것에 손을 베인 경험을 합친 복합 의미다.

고기를 자르는 날카로운 돌날의 유용함을 바위에 강돌을 던져 파편으로 얻는 원시적인 가공이다. 아파렌시스는 강돌에서 얻은 날카로운 석편의 유용함은 알았지만, 아직 이를 스스로 제작하지는 못했다. 강돌을 던지는 확률적 가공 행동을 기억할 뿐, 제작 의도를 순차적으로 나열해 공정을 구성할 지능은 아직 없었다. 돌날을 사용한 아파렌시스는 맹수가 남긴 고기를 재빠르게 잘라 멀리 도망치며 다른 청소 동물과의 경쟁을 피할 수 있었다. 고기를 새로운 식량원으로 얻은 아파렌시스는 이를 두뇌에 투자하며 빠르게 사바나 환경에 적응했다.

석편의 유용함은 빠른 진화를 가져왔고, 100만 년 후 첫 인류인 호모 하빌리스에 이르렀다. 750cc에 이른 하빌리스의 두뇌에 새롭게 나타난 지능은 전측 브로카 영역이다. 브로카 영역은 모이랑의 의미 기억을 가져와 시간 순서로 나열하는 일화 기억을 생성한다. 일화 지능을 얻게 된 하빌리스는 제작 공정을 구성해 스스로 도구를 만드는 솜씨를 가지게 되었다. 도구의 제작 의도를 시간 순서로 배열하고 이를 가공의 손동작과 연계시킨 공정으로 도구를 만드는 솜씨다. 이 솜씨로 도구를 만들고 불을 피우게 된 호모 하빌리스는 솜씨와 지능을 생존 도구로 사용하는 인류의 출발점이 되었다.

30만 년 전 호모 사피엔스의 뒤쪽 브로카 영역과 배외측 전전두피질(dlPFC)이 연결되며 생각의 신경 활동을 할 수 있게 되었다. 생각의 신경 활동으로 앎을 찾고 이를 생존 과제를 해결하는 데 사용하게 되며 두뇌의 유용성은 더 커졌다. 호모 사피엔스의 두뇌는 잘 생각할 수 있지만, 그 생각이 항상 옳은 답을 찾아내는 것은 아니다. 불완전한 사피엔스의 두뇌는 옳은 앎을 재료로 사용해야 옳은 답을 찾아낼 수 있었다. 이후 20만 년 동안 사피엔스는 생각의 신경 활동을 효과적으로 사용할 방법을 찾는 진화를 이어갔다.

10만 년 전 출현한 호모 사피엔스 사피엔스는 생존에 더 유용한 앎을 찾는 '무리 지능'을 갖춰 현생 인류가 되었다. 인간은 왜 강한 호기심을 가지고 있으며, 왜 이보다 더 강렬한 열망으로 옳은 앎을 추구할까? 이 둘은 비슷한 것 같지만, 다른 두뇌 영역에서 일어나는 신경 활동이다. 호기심은 부모의 보살핌을 받는 성장기 포유류가 세상의 의미를 알게 하는 행동 동기의 감성이다. 하지만 앎을 추구하는 열망은, 유용한 앎으로 '무리 지능'을 구축해 생존 과제를 잘 해결하려는 인간의 특징이다. 호기심은 모이랑과 브로카 영역의 기억 감성이고 앎의 추구는 전전두피질에 인식 의미를 기억하려는 신경 활동으로 나타난다.

호모 사피엔스 사피엔스는 개체가 생산하는 앎의 한계를 극복하기 위해 무리 지능 알고리즘을 찾아냈다. 언어를 매개로 개체의 앎을 무리에 분산해 저장하는 무리 지능 네트워크로 앎의 유용성을 강화한 것이다. 무리 지능을 사용한 인류는 개체의 앎으로 해결하지 못한 생존 과제를 무리의 지혜를 사용해 해결할 수 있게 되었다. 무리의 앎은 무리 전체의 생존에 영향을 끼치므로, 생존 과제 해결에 옳은 앎으로 무리 지능을 구축하는 여러 알고리즘이 나타났다. 많은 사람과 지혜로운 연장자가 가진 앎을 자신의 앎보다 신뢰하며, 더 옳은 앎으로 무리 지능을 구축하는 알고리즘이다. 무리 지능은 7만 년 전, 인지 혁명을 일으키며 문화 대폭발을 불러왔고 인류가 전 지구로 퍼져 나가는 계기가 되었다.

1만 년 전 충적세와 함께 시작된 문명은, 사바나에서 얻은 '무리 지능' 감성이 구축한 것이다. 도시를 이루게 된 무리에는 생존 활동에서 벗어나, 솜씨를 기술로, 앎을 지식으로 옮기는 역할이 나타났다. 이들은 저마다 자신의 앎이 옳다고 주장했는데, 사바나의 노인이 깨달은 사실의 의미를 공유하려 했던 무리 지능 감성이다. 삶의 지혜가 풍부한 사바나 노인은 생존 과제 해결을 도와줄 옳은 지식을 구하려 하는 사바나 젊은이의 존경을 받았다. 생존 과제 해결 행동의 방향을 알려 주는 옳은 앎에 대한 열망과 이를 제공하는 이에 대한 존경의 감성이다. 문명 환경에서 무리 지능 감성은 그럴듯한 앎을 제시하며 사회적 권위를 얻으려는 열망으로 변질되었다. 이렇듯 진리의 추구는 옳은 앎으로 유용한 무리 지능을 구축하려 했던 사바나의 감성이 문명에서 일으킨 오류다.

여러 지능 계층을 거치며 추상화되는 두뇌 구조로, 생

각의 신경 활동이 생산한 앎은 사실의 성질 중 극히 일부만을 표상한다. 따라서 두뇌 신경 활동이 깨닫는 사실의 성질 대부분은 불완전하고, 특히 거짓 앎을 재료로 사용한 생각은 반드시 거짓 앎을 생산하게 된다. 하지만 인간의 두뇌는 이렇게 생산되는 낮은 유용성의 거짓 앎을 구별할 수 있는 지능 활동을 따로 갖추고 있지 못한다. 홍적세 계통 발생의 '무리 지능' 알고리즘이 이 거짓 앎을 구별할 수 있는 알고리즘을 충분히 갖췄기 때문이다. 잘못된 앎으로 생존 과제 해결에 실패한 개체를 무리 지능에서 휘발시키는 다소 잔인한 계통 발생 지능이다. 사바나를 떠난 인류는 개체가 아닌 무리 지능에 저장할 옳은 앎을 고르는 방법만 갖추고 있었다. 사바나 환경의 생존에 맞춰 찾은 무리 지능 사용 방법은 문명에서 오작동을 일으켰다.

이렇듯 문명 이후 생산되는 낮은 유용성의 거짓 앎들은 휘발되지 않고 무리 지능에 남았다. 특히 문자의 출현으로 시간에 박제된 거짓 앎은 오랫동안 지워지지 않고 무리의 의식을 지배해 오고 있다. 사바나를 떠난 인류가 맞이했던 그리고 마주하고 있는 불행은 자신의 앎이 옳지 않음을 알아챌 능력이 없다는 것이다. 이런 사바나의 무리 지능 알고리즘은 문명 환경에서 오작동을 일으키며 수많은 사유의 오류를 낳게 되었다. 생존 과제를 해결하는 검증 과정을 잃어버린 문명 환경에서의 앎은 대부분 생존과 무관한 것이 되었다. 현대의 의식을 지배하는 고전적 관념 대부분은 생존 과제 해결에 쓸모가 없는 것이다.

사바나의 실증을 닮은 자연 과학

생각의 신경 활동이 만든 인식의 오류를 조금이나마 벗어날 수 있었던 것은 자연 과학이 출현한 덕이다. 직관으로 깨달은 사실의 의미를 주장하고 무리의 공감을 얻으면 멈추는, 지난 1만 년의 지식 생산 오류를 벗어난 것이다. 수학적 증명을 기반으로 사실의 성질을 구조화해 사유하고 실증으로 검증하는 과학 지식 패러다임은 사바나의 검증하던 알고리즘과 비슷하다. 수학에 기반한 치밀한 사유가 바탕이 되지 않고, 실증의 검증을 통과하지 못한 앎은 과학 지식 환경에서 빠르게 휘발된다. 거짓 앎을 믿는 개체가 생존 과제 해결에 실패하며 무리에서 휘발되는 사바나 알고리즘이 과학으로 되돌아온 것이다. 즉, 실증을 통과한 재현 가능성이 높은 유용한 앎이 생존 행동을 이끌며 지식 환경에 남는 알고리즘이다.

350년 전 뉴턴의 『프린키피아』로 시작된 자연 과학의 가치는 거짓 앎을 휘발시키는 무리 지능 알고리즘을 복원한 것이다. 문명을 이룬 후 지난 1만 년의 지식 변화는 자연 과학이 출현한 후 이룬 350년의 변화와 비교가 되지 않는다. 앎을 추구하는 활동에서, 생각의 신경 활동이 만든 검증되지 않은 앎의 불완전성을 잘 보여 준다. 인류의 찬란한 문명은 인간의 신경 지능이 만든 것이 아니라, 옳은 지식을 찾는 방법을 통해 실현된 것이다. 지난 한 세기 동안 일어난 문명의 변화는 옳게 생각하고 실증으로 검증해서 생산하는 앎이 가지는 유용성을 잘 보여 준다.

자연 과학의 출현으로 인간의 앎은 다시 생존 과제 해결에 사용할 수 있는 유용성을 갖추게 되었다. 자연 과학을 기반으로 기술은 공학으로 확장되었고, 이렇게 생산되는 지식은 생존 과제의 해결을 돕는 자리로 되돌아왔다. 사실을 환원한 인식을 치밀하게 사유하고 엄격하게 실증하는 과학 지식에는 사실의 성질이 높은 대칭성으로 담겨 있다. 자연 과학 지식을 기반으로 현상을 예측해 시스템을 구성하면 지속적으로 작동하는 사실을 구현할 수 있다. 공학을 기반으로 기계의 작동을 정밀하게 예측하고 제어할 수 있게 되면서 기계와 디지털이 결합했다. 아날로그 신호인 파동을 제어 · 변환한 펄스 신호에 디지털 정보를 담은 컴퓨터로 기계를 제어하는 것이다. 20세기의 디지털 환경은 이렇듯 기술을 공학으로 옮긴 과학 지식을 바탕으로 나타났다.

솜씨를 다듬은 기술에 자연 과학을 더한 공학으로 전자를 제어해 컴퓨터를 만들었다. 첫 디지털 컴퓨터는 진공관에 전기를 흘려 전자가 방출되면 1, 그 반대는 0이 되는 회로다. 진공관들이 직렬 연결되어 입력값이 출력값과 동일하면 1인 AND 논리값을 가진 게이트가 된다. 전류가 흐르면 전자를 방출하지 않는 NOT 게이트, 여러 입력이 하나로 출력되면 OR 게이트가 된다. 클로드 섀넌은 이런 게이트들로 구성된 회로의 전기적 논리를 불 연산과 결합한, 회로의 논리 대수 구조를 제시했다. 섀넌의 연구를 기반으로, 노이만은 중앙 처리 장치, 기억 장치, 입력 장치, 출력 장치, 제어 장치의 노이만형 컴퓨터 개념을 세웠다. 노이만형 컴퓨터는 저장된 프로그램으로 CPU를 작동시키는 디지털 컴퓨터의 모태가 되었다.

논리 게이트 회로가 진공관에서 집적 회로로 옮겨 가며 연산 속도와 안정성에서 비약적인 발전이 일어났다. 디지털 공학의 발전은 자연스레 인공지능을 탐구하는 활동과 궤를 같이했다. 1943년, 신경 세포의 활동을 0과 1로 해석한 맥컬럭-피츠의 임계 논리 유닛(TLU) 논문이

발표되었다. 신경망이 1과 0의 신경 소자로 구성된 논리 회로임을 밝혀, 이를 모방하는 디지털 회로의 가능성을 제시했다. 컴퓨터 논리 회로의 복잡도가 임계점을 넘어서면, 두뇌 신경망처럼 스스로 학습하고 생각할 수 있게 됨을 보여 준 것이다. 1958년, 프랑크 로젠블랫은 뉴런의 작동 구조를 모방해 활성 함수로 동작하는 퍼셉트론으로 회로를 구성한 기계 학습의 가능성을 열었다.

21세기의 인간은 자신의 신경 활동을 흉내 낸 인공지능이 인류의 지식 환경에 영향을 미치는 놀라운 경험을 하고 있다. 인공지능 연구자 제프리 힌턴과 데미스 허사비스의 노벨 물리학과 화학상 수상이 이를 잘 보여준다. 이들의 연구는 물리 · 화학 분야와 직접적 관련이 없지만, 이 분야에 미친 영향은 어떤 연구자도 흉내 낼 수 없다. 제프리 힌턴의 노벨 물리학상 수상 이유는 역학적 물리계에 정보의 성질을 투영해 옳음을 낮은 포텐셜 상태로 볼 수 있게 했기 때문이다. 이는 정보계를 물리적 현상으로 확장하고 볼츠만의 통계 역학과 해밀토니안의 최소 작용을 도입한 정보 엔트로피다.

높은 포텐셜 상태의 거짓을 낮은 포텐셜 상태의 참으로 옮기는 역학적 모습으로 인공지능의 학습 효율을 높일 수 있었다. 물리계로 확장한 정보에 역전파 알고리즘

(Backpropagation)으로 연결 가중치를 되짚어 가며 오류를 수정한다. 물리적 끌개를 가진 통계 역학적 닫힌계에 외부 충격을 가해 원소들의 상태를 정렬하는 것과 같다. 이를 빠른 GPU의 연산 처리 속도로 다중 처리하면 옳은 앎에 도달할 가능성이 높아진다. 허사비스의 알파폴드(AlphaFold)는 아미노산의 서열만으로 단백질의 공간 구조를 빠르게 해석한다. 100개의 아미노산으로 이루어진 단백질의 원자 결합 구조는 수백만 가지가 넘어 이를 추정하기 매우 어렵다. 알파폴드는 전자 구조가 만드는 좌표 · 거리 패턴을 통계적으로 학습하며 예측 범위를 좁혀, 빠르게 단백질 모형에 도달한다. 제프리 힌턴과 데미스 허사비스는 이 분야 연구자를 넘어서는 인공지능의 유용성으로 노벨상 수상자가 되었다.

디자인 인공지능

1979년 인공지능 연구자 후쿠시마는 시각의 파보(Parvo) 신경 활동을 모방한 네오코그니트론(Neocognitron)을 제시했다. 네오코그니트론은 시각 피질에 업로드된 사실 모습에서 특징을 추출해 풀링을 반복하며 정보량을 줄이는 구조다. 시각 자극 처리 신경 활동을 흉내 낸 모델로, 1차 시각 피질이 이미지의 경계를 추출하는 구조와 비슷하다. 얀 르쿤은 이를 적용한 합성곱 신경망(CNN)으로 손 글씨 숫자를 학습해 인식하는 인공지능을 만든다. 합성곱은 이미지의 픽셀값을 커널 필터(Kernel Filter)로 행렬 연산해 특징을 추출하는 모델이다. 이미지가 합성곱 연산을 거치면 섬세한 계조 변화는 사라지고 테두리 선이 추출된다. 이는 1차 시각 피질의 파보 셀(Parvocell)이 높은 공간 주파수(HSF)에서 선분을 읽는 구조를 모방한 것이다.

제프리 힌턴은 CNN 기반 알렉스넷(AlexNet)으로 이미지 분류 대회인 이미지넷(ImageNet)에서 우승했다. 8개 층으로 구성된 AlexNet의 심층 신경망에 입력되는 개와 고양이의 이미지는 가중치가 조절되며 구분된다. 8개의 신경 층을 통과하며 구성되는 연결 경로의 가중치(Weight)는 수학의 함수처럼 입력층과 출력층을 관계 짓는다. AlexNet의 퍼셉트론은 연산량이 큰 시그모이드(Sigmoid) 활성 함수 대신 단순한 렐루(ReLU) 함수로 처리 속도를 높였다. 과학의 엄밀한 인식 생산 방식과 달리, 빠른 연산으로 다수의 데이터를 처리하는 것이 더 효과적임을 보여 준다. CNN이 적용된 심층 신경망에 의한 딥러닝(Deep Learning)은 인공지능의 새로운 장을 열었다.

2014년, 제로섬을 딥러닝에 적용한 생성적 적대 신경망(GAN)의 시각 증대 모델이 나타났다. 적대적 판별자는 생성자가 만든 이미지의 잘못된 점을 찾고 이 오류를 생성자에 알려 주는 모델이다. 생성자는 판별자가 지적한 오류를 제거하는 이미지 생성을 반복하며 점차 더 옳은 이미지를 만들 수 있게 된다. 생성자와 판별자, 두 에이전트의 경쟁적인 순환 학습 과정을 통해 생성 결과가 점차 발전하게 되는 인공지능 모델이다. 심층 신경망을 갖춘 생성형 인공지능은 대량의 이미지와 언어 의미의 세트를 학습하며 빠르게 발전해 두뇌 신경 활동을 앞지르고 있다.

참고문헌

조택연(2019). 《(뜬금없이 나타난)디자인 인류: 진화와 문명의 여정》. 컬쳐코드.

01
사실의 성질을 사상한 생명

생명은 계의 엔트로피를 유지하는 활동을 할 수 있는 능동적 열린계다. 생명의 계통은 자신이 살아갈 세상에 효과적으로 대응하기 위해 지능을 섬세하게 디자인하고 이를 개체로 발생시킨다.

AI와 1인 창업?

생명의 열역학적 의미

세상은 사실(Fact)과 그 사실의 성질(Property)로 이루어져 작동한다. 사실의 성질을 탐구하는 과학은 세상에서 사실을 구분하는 계(System)로 경계 짓는다. 열역학은 세상의 사실에서 일어나는 열적 현상을 더 선명하게 관찰하기 위해 계를 셋으로 나눈다. 열린계는 물질과 에너지를 세상과 교환하는 경계 안에서 일어나는 열적 현상을 가진다. 닫힌계는 세상과 에너지는 교환하지만, 물질 교환이 일어나지 않는 경계의 안이다. 고립계는 세상과 무엇도 교환하지 않는 경계 안의 열적 현상을 관찰한다.

클라우지우스는 고립계의 엔트로피가 증가함을 밝혔고, 볼츠만은 그 구조를 통계 역학으로 설명했다. 고전 물리학에서 고립계의 질서는 시간이 흐르며 무질서해져 엔트로피가 증가하게 된다. 슈뢰딩거가 바라본 생명의 의미는 엔트로피의 증가를 억제하는 열린계다. 즉 생명은 계의 질서를 스스로 유지하는 능동적인 열린계다. 따라서 물질과 에너지를 세상과 교환하며 질서를 유지할 수 있는 열린계가 곧 생명이다. 생명은 세상으로부터 계의 엔트로피를 유지하는 데 유용한 물질을 얻고, 유용성이 낮아진 물질을 세상에 버린다.

열린계로서 생명을 가능하게 하는 것은 유전자가 가진 정보와 이로부터 발현되는 단백질이 자기 조직화하는 성질을 가졌기 때문이다. 유전자의 염기가 3개 모인 코돈 문자는 20개의 아미노산에 대응하고, 문자 서열은 아미노산 결합 순서와 대응한다. 따라서 단백질은 유전자가 가진 염기 코돈 문자의 순서에 대응하는 아미노산의 결합으로 합성된다. 합성된 단백질의 국소적 상호 작용은 전체의 질서로서 자발적 자기 조직화를 일으킨다. 생명 현상은 정보를 담은 유전자형(Genotype)과 합성된 단백질의 표현형(Phenotype)으로 구성된다. 전자는 유전자를 공유하는 종 전체의 형질을 발현하는 것으로, 이 관점에서 생명 활동의 본질은 유전자가 된다. 후자는 그 유전자에서 발생한 개체가 가진 생명 형질로, 유전자를 다음 세대로 전달하기 위한 생명 형질의 한시적인 표현이다.

이는 부정적 의미로 '녹조 라테'라 불리며, 여름철 한강을 녹색으로 뒤덮는 식물의 증식에서 볼 수 있다. 담수조류인 녹조식물은 세상에서 받아들인 빛 에너지를 광합성으로 고정해 화학 에너지인 탄수화물로 저장한다. 이런 녹조류 개체들은 햇빛을 화학적으로 고정하는 광합성을 제외하면, 딱히 생존 활동이라 할 만한 것을 보여 주지 않는다. 녹조류가 머무는 곳의 영양 염류와 빛이 풍부하면 광합성을 하고, 증식에 필요한 에너지가 모이면 개체 수를 늘리고 그렇지 못하면 수명을 다한다. 수동적으로 보이는 개체의 생명 활동을 녹조류의 계통 발생 즉, 유전자 관점에서 보면 활발한 생존 행동을 이어가고 있음을 알게 된다. 개체 발생에 유리한 상태에서 최대한 수를 늘려 드넓게 분포하면, 운 좋은 몇몇 개체가 살아남아 다음 여름에 증식할 수 있다. 개체 사이의 정체성이 구분되지 않는 녹조류의 유전자는 하나만 살아남아도 다시 자신을 무한 복제할 수 있다. 윌리엄 해밀턴의 유전자형 관점에서 녹조류의 생명성은 개체가 아닌 이들을 발생시키는 유전자다.

감각과 신경의 출현

세상을 이루는 사실들의 분포는 비등질적(Heterogeneous)이다. 이런 세상에서 생명은 생존에 더 유리한 사실들 근처에 머물러야 한다. 엽록소로 광합성을 하는 생명은 영양 염류와 햇빛이 풍부한 곳에 머물러야 살 수 있다. 우연히 유리한 사실들 근처에 머무는 것보다 스스로 그곳에 다가가는 형질이 생존에 더 유리하다. 유글레나는 광수용 감각과 운동 기관을 동기화해 능동적으로 유리한 환경에 다가가 머무는 단세포 생물이다. 안점의 차폐로 빛의 방향을 감지한 유글레나의 편모 운동은 어두운 곳에서 활발해져 이곳을 벗어나 밝은 곳으로 이동한다. 밝은 곳에 도달한 유글레나는 엽록체의 광합성으로 빛 에너지를 고정하고 저장할 수 있게 된다.

유글레나와 비슷한 수준의 능동적 생존 활동 동물이 해면이다. 고착 생활을 하는 해면은 속이 빈 원통 모양의 몸체에 수많은 구멍을 가진 모습을 하고 있다. 해면의 몸체에 복잡하게 퍼져 있는 구멍 내부에 분포하는 동정 세포의 활발한 편모 운동으로 바닷물을 빨아들인다. 해면은 소공을 통해 시간당 자신의 10배가 넘는 물을 빨아들여 위강으로 내보낸다. 동정 세포는 바닷물이 소공을 통과하는 과정에서 부유한 먹잇감을 얻는다.

이런 낮은 수준의 능동적 생존 활동은 유용한 자원을 얻어 계의 엔트로피 증가를 억제하는 효율성이 낮다. 효율성이 높은 더 능동적 먹이 활동을 시작한 동물들은 히드라와 말미잘 그리고 해파리같이 자포동물문에 속한다. 능동적 먹이 활동은 편모의 움직임 같은 기계적 행동으로는 얻을 수 없어 세포 운동을 동기화해 조절하는 신경계가 필요하다. 자포동물의 신경계는 신경 세포가 몸 전체에 골고루 분포해 생명 활동에 필요한 세포 운동을 할 수 있게 한다. 먹잇감이 감지되면 몸 전체의 세포 운동을 동기화시켜 포식 활동에 참여하게 하는 것이다. 감각 신경이 먹잇감을 감지하면 운동 신경은 반사적 세포 운동을 일으킨다.

959개의 세포로 이루어진 선형 동물문의 작은 생명에게는 예쁜꼬마선충이라는 매력적인 이름이 붙여졌다. 매력적인 이름만큼 유전체, 발생 생물학, 신경과학, 인공지능 연구에 귀중한 기회를 제공하는 소중한 동물이다. 예쁜꼬마선충은 특히 신경계 연구에 많이 사용되는데, 302개의 신경 세포의 연계가 만들어 내는 섬세한 생존 행동이 탐구된다. 예쁜꼬마선충의 신경 세포는 머리, 몸통, 꼬리에 신경절을 이루는 신경계로 효과적인 생존 행동을 펼친다. 이 신경계는 예쁜꼬마선충을 적당한 온도와 먹이로 이끌고, 그 먹이로 인한 신체 반응까지 기억한다. 부정적인 신체 반응을 경험한 먹이를 기억하고 이를 회피할 수 있는 신경 활동이다. 또한 생존에 유리한 경험의 화학적 자극을 기억해 다가가는 행동을 한다.

생명의 능동적 생존 활동은 비등질적으로 분포하는 사실들에 행동을 동기화한 것이다. 즉 생존에 더 유리한 사실들이 분포하는 곳으로 옮겨 가도록 행동을 이끄는 신경 활동이다. 생명의 신경 활동은 생존에 더 유리한 사실들이 분포하는 곳에서 생존 활동을 이어 갈 수 있도록 돕는다. 세상의 비균질성을 극복하는 효과적인 활동은 유리한 사실의 자극에 반응해 다가가는 것이다. 더 유리한 생존 자극을 기억하고, 그 자극이 주어지는 방향으로 옮기는 생존 행동이다.

두뇌 지능 활동의 출현

뇌의 출현은 더 높은 수준의 생존 활동을 불러왔다. 뇌에 앞서 나타난 신경절은 신체에 퍼진 신경 세포들을 효과적으로 제어하기 위해 통합하는 마디다. 동물의 이동 방향인 앞쪽이나 몸통에 신경 세포를 집중한 신경절은 정보를 통합해 말초 신경에 전달할 수 있다. 이런 신경절을 확장한 뇌에 감각으로 받아들인 세상의 사실을 성질로 사상(Mapping)하면 그 세상에 더 능동적으로 대응할 수 있다. 뇌는 성질의 구조로 사상된 신경 활동을 세상의 사실과 동기화해 그곳에서 생존 활동을 계획할 수 있게 한다. 뇌를 가지게 되면서 더 이상 사실에 직접 부딪히며 사실을 느낀 후 행동할 필요가 없어졌다.

뇌는 세상과 사실의 관계, 그리고 사실의 성질을 사상해 기억하는 신경 공간이다. 이는 지도(Map) 만들기와 비슷한데, 지도는 2차원 종이에 3차원 지형의 높낮이가 등고선으로 사상된다. 지도에 촘촘한 등고선으로 표시되는 지형의 가파른 지표면은 중력의 영향이 커 이동하기 어려운 곳임을 알 수 있다. 중력과 지표의 관계 구조가 사상된 지도를 보면서 가파른 지형을 극복할 행동을 계획할 수 있게 된다. 여기서 2차원의 지도는 두뇌의 지능 공간과 같고, 3차원의 세상은 지능으로 사상될 사실의 성질을 담은 공간이다. 지도의 등고선을 통해 중력의 영향을 읽는 것처럼, 지능으로 사상된 성질을 통해서 사실이 가진 모습과 현상을 그릴 수 있다.

두뇌의 출현으로 사실에 직접 부딪히는 행동에서, 지능으로 사상된 사실의 성질에 대응해 행동을 결정할 수 있게 되었다. 뇌는 이렇듯 세상의 사실이 가진 성질을 사상하고 있는 신경 지능 공간이고 이를 통해 세상의 의미를 알 수 있다. 따라서 등고선과 지형의 관계와 같이, 지능과 사실은 서로 구조적인 대칭 관계다. 두뇌에 지능으로 사상된 사실의 구조 기억을 통해 눈앞에 있는 사실이 가진 의미를 알게 된다. 이런 두뇌 신경 지능으로 사실에 직접 부딪히며 행동하지 않고, 두뇌에 사상된 구조의 대칭성으로 사실을 알며 행동할 수 있다.

참고문헌

Barkow, J. H. et al.(eds.).(1995). *The adapted mind: Evolutionary psychology and the generation of culture.* Oxford University Press.

Buss, D. M.(2015a). *The handbook of evolutionary psychology. 2nd ed., Volume 1: Foundations.* Wiley.

Buss, D. M.(2015b). *The handbook of evolutionary psychology. 2nd ed., Volume 2: Integrations.* Wiley.

Saad, S. & Jarosz, D. F.(2021). Protein self-assembly: A new frontier in cell signaling. *Current opinion in cell biology 69,* p.64.

Schrodinger, E.(1946). *What is life?: The physical aspect of the living cell.* 서인석·황상익 옮김(2001). 《생명이란 무엇인가?: 물리학자의 관점에서 본 생명현상 (중판)》. 한울.

02
시각 자극을 처리하는 지능

두뇌는 세상에 있는 사실의 모습에서 의미를 읽는 지능들의 집합이다. 또한 세상의 모습에서 의미를 읽어 언어와 대응시킨다. 이 구조에서 사실의 모습과 언어 의미는 대칭 관계다.

AI와 MBTI?

1차 시각 피질

두뇌는 사실의 모습이 아닌, 지능으로 사상된 사실의 성질을 본다. 눈앞에 있는 사실의 모습을 보는 것이라 여기지만, 두뇌는 사실의 성질을 더 많이 본다. 여러 경로로 시각정보를 처리하기 때문인데, 두뇌의 시각 경로는 크게 모습경로와 의미 경로로 나눌 수 있다. 모습 경로는 영상이 업로드되는 1차 시각 피질의 V1 영역과 자각(自覺)하는 영역인 전두극을 연결하는 IFOF(Inferior Fronto-Occipital Fasciculus)다. 이 두 영역의 연결을 통해, 눈앞에 있는 사실의 모습을 보고 있는 자신의 행동을 더 선명하게 자각하게 된다. 이에 비해, 모습이 의미로 변환되는 시지각 경로를 거쳐 도달하는 사실의 성질은 자각하기 어렵다. 이런 두뇌 시지각 구조는 사실의 모습을 보는 행동을 더 잘 인식하지만, 사실의 성질을 읽는 데 더 많은 지능이 참여한다.

사실을 사상하는 첫 단계는 수정체를 통해 망막에 투영된 사실의 모습을 신경 신호로 변환해 뇌로 보내는 것이다. 사실의 모습을 담고 있는 신경 신호는 시각 신경다발을 통해 후두엽 1차 시각 피질의 V1에 업로드된다. V1은 컴퓨터 RAM 메모리같이, 업로드된 영상이 아주 짧은 기억으로 머물며 특징 요소로 추출되는 신경 공간이다. 망막의 시각 수용체와 같은 위상으로 배열된 V1의 신경 세포들은 눈으로 본 영상의 모습 그대로를 받아들이는 시각 영역이다. V1의 신경 활성화는 망막에 맺힌 이미지와 동형 사상(Isomorphic Mapping)되어 사실과 매우 비슷한 모습을 가진다.

사실을 보는 피험자의 시각 피질을 뇌 영상으로 촬영하면, 사실과 비슷한 모습으로 활성화된 신경 세포의 분포를 볼 수 있다. 망막에 비친 사실의 모습이 보전된 V1의 망막 지도는 IFOF를 통해 전두극에 보내지고 동시에 시지각 경로를 통해 사실의 성질이 해석된다. V1 영역에 업로드된 시각 정보는 이후 여러 단계 시지각 영역을 지나며 사실의 의미를 읽는 신경 활동의 과정을 거친다. 시지각 처리 경로부터는 사실의 모습이 보존되지 않고, 이를 연산하기 위한 특징 요소로 추상화된다. 따라서 V1에만 사실의 모습이 보존되고 이후 처리 과정에서 영상은 특징 요소로 환원된다.

V1에 업로드된 사실의 모습은 높은 공간 주파수(HSF)의 대비에서 선분과 방향, 낮은 공간 주파수(LSF)의 밀도에서 농담(濃淡)을 감지한다. V1의 망막 지도가 V2로 전달되면 공간적 동형(同型)은 더욱 느슨해지고, 특징 다양체(Feature Manifold)가 섬세하게 형성된다. V2 영역

에서 형성되는 특징 다양체는 V1 영역에서 추출한 선분들을 이은 경계 곡선과 농담 사이 관계로서의 계조다. 또한 V2 영역은 HSF에서 추출한 수직의 선분과 LSF에서 추출한 농담의 양안 시차로 깊이를 지각한다. V2는 선분의 회전 · 농담 · 깊이 같은 기하 속성을 합쳐 곡선, 계조 같이 더 높은 차원의 특징 다양체를 생성한다. 또한 V2는 선분의 위치 값을 유지한 채 이를 이은 폐곡선을 아이겐 벡터(Eigenvector) 연산해 회전, 이동, 아핀, 사영 변환을 읽는다.

V3는 V2에서 전송된 선분과 응력 점을 연결한 단일 폐곡선(閉曲線)에 농담을 채워 넣어 폐곡면(閉曲面)의 형태로 지각한다. HSF 선분과 LSF 농담을 이어 붙인 폐곡선과 계조 같은 특징 다양체들을 공간에서 합쳐 형태를 지각하는 지능이다. 이런 V3 영역은 2개 부분으로 나뉘는데, 등 쪽 경로와 배 쪽 경로의 출발점인 V3a와 V3/VP 영역이다. V3의 배 쪽 부분의 폐곡선과 등 쪽 부분의 계조가 합쳐지며 형태를 구성해 대상의 지각을 돕는다. V3 영역은 V2의 시각 정보를 모아 형태에 이르지만, 아직 색 처리가 이루어지지 않아 형태가 뚜렷하게 구별되지 않는다.

HSF와 LSF 시각 자극을 처리해 형태에 이른 시각 정보에는 색채와 움직임이 더해진다. 즉, 시각 다양체를 합친 형태와 색채 특징 그리고 시간과 공간 차원의 변화를 덧대 선명한 형태를 구성한다. V3/VP 영역에서 처리한 형태에 V4 영역이 색채를 채우면, 수직 후두엽 다발(Vertical Occipital Fasciculus)과 연결된 V3a가 계조를 더한다. 세 영역의 시각 처리로, 거친 색채 정보에 섬세한 계조 정보를 더하고 이를 투영한 폐곡면을 완성해 선명한 형태를 지각하게 된다. 단일 폐곡선 내부가 색채와 계조로 채워져 단일 폐곡면의 형태로 인지된 정보는 다음 단계인 V5/MT로 보내진다. 후두정 피질(Occipitoparietal Cortex)인 V5/MT는 시공간의 농담 변화로 움직임과 반짝임을 지각한다. 반짝임은 시간 차원의 단속(斷續)이고, 움직임은 시간의 단속과 공간의 위치 변화를 합친 것이다. 이렇듯 V5/MT에 이르면, 사실의 시각 모습이 가진 형태의 지각이 거의 완성된다.

2차 시각 피질

형태에 이른 시각 정보는 두 경로로 나뉘는 2차 시각 피질을 지나며 고차원의 시각 정보로 처리된다. 형태가 되먹임되는 질서를 읽는 배 쪽 경로와 계조의 되먹임에서 물성을 읽는 등 쪽 경로의 시지각 과정이다. 등 쪽 경로에서는 넓게 퍼지는 수상 돌기에 연결된 마그노 셀(M-Cell)들에서 감각된 흐릿한 시각 정보가 처리된다. 이런 M-Cell이 가진 구조적인 특징으로 넓은 영역의 낮은 공간 주파수(LSF) 자극의 밝기가 1bit의 작은 정보로 축약된다. 낮은 해상도의 희미한 모습과 미세한 농담의 LSF 데이터는 형태가 아닌 계조와 이들의 복합으로 물성 지각에 사용된다. M-Cell의 또 다른 특징은 빠른 반응 속도와 위치 변화에 민감한 것이어서 움직임을 잘 지각한다.

2차 시각 피질의 등 쪽 경로인 상측 두정엽은 (BA 19, 7) 이런 특성으로 물성을 지각한다. 등 쪽 경로는 V3a에서 시작되며, 농담의 변화에서 계조를 지각해 VP의 단일 폐곡선 안쪽을 채운다. 2차 시각 중추의 등 쪽 경로에 있는 V7 영역은 둘 이상의 복합 계조에서 광학적 성질로서 물성을 지각한다. 즉, V7은 LSF의 계조 자극을 복합한 광택성, 투명성, 배면 비침과 확산 같은 광학적 현상으로 물성 요소를 지각한다. 이렇듯 2차 시각 중추는 1차 시각 중추의 시각 정보를 연합해 형상 층위의 시각 요소를 지각하는 지능이다.

2차 시각 피질의 배 쪽 경로의 시지각 영역인 방추 이랑(BA 37)은 서로 닮은 형태들 사이의 공간 관계를 읽어 이를 되먹임으로 지각한다. 복잡계 현상과 유전자형으로 생성되는 자연의 사실들이 가진 생존 가치를 되먹임의 질서로 읽어 형상을 지각하는 지능이다. 2차 시각 피질에는 높은 밀도의 오피오이드 수용체(Opioid Receptor)가 분포하는데 이들은 긍정 감정을 일으킨다. 꽃과 같이 되먹임 질서를 가진 사실들에서 느껴지는 아름다움은 오피오이드 수용체의 긍정 감정 때문이다. 방추 이랑은 테셀레이션(Tessellation)같이 닮은 형태가 되먹임되는 구조를 지각하면 좋음을 느낀다. 이에 비해 방추 이랑 앞쪽의 하측두 이랑(BA 20)에서는 질서가 내포하는 무질서함이 지각된다. 타일같이 똑같은 형태가 반복되기보다, 약간의 무질서가 더해진 질서를 더 아름답게 느끼는 지능 영역이다.

3차 시각 피질과 언어

측두극(BA 38)은 배 쪽 경로, 모이랑(BA 39)은 등 쪽 경로에서 처리된 시각 정보가 연합해 사실의 유형과 양식을 인지하는 마지막 시각 지능이다. 측두극에는 시각 모습과 구조 의미 그리고 언어 의미, 모이랑에는 시각, 청각, 미각, 촉각, 체성 감각의 여러 감각 의미가 전달된다. 두 영역의 공통점은 피라미드 세포가 조밀하게 분포하며, 넓은 수상 돌기가 복잡한 연결망을 형성하는 것이다. 피라미드 세포의 3~6개 가지에서 방사형으로 뻗는 수천 개의 수상 돌기에 여러 신경 세포가 연결된다. 이런 연결 구조로 주변에서 처리한 감각 신호들을 통합함으로서 양식과 유형 의미를 구성한다.

측두극은 배 쪽 BA 37, 20에서 처리한 형상 질서의 정규성과 비정규성에 BA 21의 응력 관계를 덧대 양식을 인지하게 된다. 방추 이랑(BA 37)은 단순 질서인 대칭과 이로부터 확장된 대칭성으로서 닮음 변환되는 형태들의 공간 관계를 인지한다. 이는 나뭇가지가 일정 길이로 자라면 그 가지가 둘로 나뉘어 분기되고 다시 분지가 반복되는 되먹임의 구조다. 이러한 나뭇가지는 정규 테셀레이션처럼 꼭 같은 형태가 아닌, 서로 닮았지만 조금 다른 형태들이다. 또한 측두극에는 중력에 대한 응력 안정성과 음절 집합 사이에 의미를 더한 언어의 의미 구조 정보가 입력된다.

두정엽의 모이랑 역시 지각 층위의 시각 정보들을 하나로 연결해 사실의 유형 인지 의미를 생성하는 3차 시각 피질이다. 다른 감각 영역과도 연결되는 모이랑은 해부학적으로 시각 피질을 벗어난 위치에 있지만, 마지막 단계의 시지각인 3차 시각 피질로 분류된다. 모이랑에는

V7에서 지각된 광택성과 투명성 그리고 배면 비침 같은 광학 단서로 지각한 물성 정보뿐 아니라 배 쪽 시각 정보도 전달된다. 시각 외에도 주변에 위치하는 청각, 미각, 후각, 촉각의 감각을 지각하는 영역에서 처리한 정보가 BA 40을 통해 전달된다. 또한 모이랑에는 V4, V8에서 처리한 형태에 색채를 더한 정보가 뒤쪽 수직 후두엽 다발(VOF)을 통해 전달된다. 전측 하측두피질(IT)에서는 앞쪽 수직 다발(Anterior Vertical Occipital Fasciculus)로 되먹임의 질서 구조가 모이랑에 전달된다.

BA 39, 40영역은 1, 2차 시각 피질에서 처리된 지각 정보가 통합되어 대상의 시각 의미를 인지한다. 예를 들면 연두색의 반투명한 둥근 형태가 되먹임되고, 뒤쪽에서 비친 빛이 확산하며, 말랑한 촉감과 달콤한 맛이 느껴진다. '청포도'라는 기표(記標)로 표상되는 이 열매는 이렇듯 여러 감각이 지각된 정보의 집합으로서 사실의 의미인 기의(記意)를 갖는다. 두뇌의 시지각 신경 활동에서 청포도는 여러 감각을 지각한 정보의 집합을 눈앞 대상에 투영함으로써 유형을 구별한 것이다. 대상을 인지하는 신경 활동은 모이랑(BA 39)과 모서리위이랑(BA 40), 상측두이랑(BA 22) 피질의 연합으로 일어난다. BA 39는 시각, BA 40은 나머지 네 가지 감각, BA 22는 이들

두 영역의 인지 의미를 표상하는 어휘 기억이다.

참고문헌

Appleton, J.(1978). *The experience of landscape.* John Wiley & Sons Inc.

Choi, S. H. et al.(2020). Proposal for human visual pathway in the extrastriate cortex by fiber tracking method using diffusion-weighted MRI. *Neuroimage, 220*, p.117145.

Kandel, E. R. et al.(eds.).(2021). *Principles of neural science. 6th ed.* McGraw-Hill.

Zhu, Z. et al.(2025). Innate network mechanisms of temporal pole for semantic cognition in neonatal and adult twin studies. *Nature Communications, 16*(1), p.3835.

03
시각을 언어로 표상하는 지능

두뇌는 사실의 모습과 의미를 언어로 변환하는 신경 지능들을 가지고 있다. 사실의 시각 모습과 의미는 생각의 신경 활동으로 처리하기에는 너무 무거운 데이터이기 때문에 이를 언어로 변환해야 한다. 언어 지능은 데이터를 축약해 구조화하는 여러 과정을 가지고 있다.

AI와 난임 극복?

모이랑과 베르니케 영역의 언어

비트겐슈타인은 화자와 청자 사이의 언어 행동에서 '언어 그림 이론'을 통찰했다. 사건의 모습을 서술하는 화자의 말을 들은 청자가 이를 심상으로 떠올리는 언어 신경 활동이다. 비트겐슈타인은 언어가 사실과 동형인 의미를 가져, 사실들의 상태를 명제로 나타낼 수 있다고 보았다. 즉, 어휘는 사실과 대응하고 명제의 논리적 의미 결합 구조가 사실의 관계를 그림처럼 묘사할 수 있다고 본 것이다. 여기서 명제의 논리적 결합 구조는 세상에 존재하는 사실들 사이의 관계를 표상하는 어휘들의 연결이다. 언어 의미를 심상으로 떠올리는 청자의 행동에서 그가 통찰한 언어와 사실 모습의 관계다.

언어에 관한 또 하나의 통찰은 사건의 모습을 선명하게 떠올리도록 돕는 육하원칙(六何原則) 서술 구조다. 오랜 역사를 가진 육하원칙은 그리스의 수사학에서 출발해 근대 키플링의 통찰로 이어진다. 사건의 모습을 누가(Who), 언제(When), 어디서(Where), 무엇을(What), 어떻게(How), 왜(Why)의 여섯 '어찌(何)'로 구성해 서술한다. 여섯 '어찌' 구조로 서술된 사건을 전해 들은 독자가 그 모습을 잘 떠올릴 수 있음을 경험에서 통찰한 것이다. 육하의 서술을 따르면, 사건을 구성하는 사실의 모습뿐 아니라 추상적 구조까지도 잘 전달된다.

현대 신경 과학은 비트겐슈타인과 키플링이 통찰한 '언어 그림 이론'과 '육하원칙'을 신경 언어 구조로 설명한다. 신경 언어학은 베르니케(BA 22)와 모이랑(BA 39)의 대칭성으로 언어 의미와 모습 의미의 신경 구조를 탐구한다. '언어 그림 이론'은 사실의 모습과 이를 표상하는 신경 언어 활동의 대칭성으로 설명된다. 모서리위이랑(BA 40)과 연합한 모이랑(BA 39)은 감각 의미의 연합으로 사실의 유형 의미를 인지한다. 앞서 청포도의 예처럼, 여러 감각 의미를 연합해 사실을 유형으로 인지하고 구별하는 시지각의 마지막 단계다. 두 영역에서 생성된 사실의 유형 인지 기억에 베르니케 영역이 어휘를 부착하므로 사실과 언어는 대칭성을 갖는다. 두정엽 아래쪽에 모여 있는 세 개의 지능 영역이 감각 의미를 모아 사실의 유형을 인지하고, 여기에 어휘를 부착하는 것이다.

키플링의 육하원칙 역시 국소 지능이 연합하는 두뇌 신경 활동 구조를 언어 행동 관찰에서 통찰한 것이다. 두뇌는 여섯 가지 '어찌'에 대한 각기 독립된 지능 영역을 가져, 이를 따라 서술하면 사건의 선명한 모습을 떠올리게 된다. 특히, 누가 · 언제 · 어디의 세 어찌는 두뇌의 인지 신경 층위에 이들을 전담하는 지능 영역들이 분포하고 있다. 무의식에서 깨어나 의식을 회복하는 두뇌는, 신경 활동의 기준인 세 '어찌'를 가장 먼저 수습한다. 의식 회복은 사람 · 장소 · 시간(PPT)의 기준을 먼저 정립한 후 다음 신경 활동을 이어간다. 이를 지남력(指南力)이라 하는데, 자신과 시공간 관계를 설정해 생각과 행동의 방향으로 정하는 것이다.

'누가'는 앞쪽 방추회(BA 37)와 측두상구(STS BA 22) 영역의 연합으로 사람을 표상하는 얼굴을 지각한다. 얼굴을 기준으로 그 사람의 행동 의미 기억을 투영해 관념적 의미를 인지하게 된다. '언제'는 기저핵(Basal Ganglia)이 주기성을 측정하고 해마와 내후각피질(Entorhinal Cortex)이 시간 거리를 지각한다. 브로카 영역은 의미 기억과 시간 위치를 합해 시간 순서로 인지하고 이를 상위 신경 활동에서 시간의 거리와 순서로 인지한다. '어디서'는 해마 장소 세포와 해마 곁 장소 영역(PPA), 후 비강 피질(Postrhinal Cortex)에서 인지된다. 후 대상 피질(Retrosplenial Cortex)은 자신 중심과 환경 중심 좌표계를 연합해 자신과 공간의 관계를 인지한다. '무엇'은 1차 시각 피질의 감각 구조 정보를 연합하는 외측 후두 복합체(LOC)에서 지각된다. V3/VP와 V4에서 구성된 형태가 수직 후두엽 다발(Vertical Occipital Fasciculus)로 V3a

에 전달돼 모양으로 지각된다. '어떻게'와 '왜'는 위의 네 '어찌'에 비해 고차원의 추상적인 신경 활동이 있어야 한다. 이들은 배외측(dlPFC)과 복외측(vlPFC)의 전전두피질에서 일어나는 사유로 사실의 성질에 도달하게 한다. 따라서 '어떻게'와 '왜'는 사실의 유형 모습을 떠올리는 것이 아닌 현상의 구조적 성질을 인식해 떠올리게 한다. 이들 두 '어찌'가 맨 뒤에 온 것에서, 가장 긴 신경 활동을 통해 추론에 도달하는 지능의 구조를 읽은 깊은 통찰을 엿볼 수 있다.

측두극과 전측 상측두회(A38l)의 언어

두뇌는 언어를 처리하는 복잡한 지능 영역과 이들을 이어 주는 연결망을 갖추고 있다. 유형 어휘를 생성하는 모이랑-베르니케 연합과 달리 후외측 측두극(A38l)은 어휘 사이 구조를 생성한다. 측두극은 모이랑과 같이 피라미드 세포로 이루어져, 주변 지각 영역에서 처리된 정보를 연합한다. 측두극이 모이랑과 다른 점은 오감의 통합이 아닌 시각과 응력 그리고 언어의 구조 정보를 통합하는 것이다. 시각은 하측두피질 경로에서 처리된 섬세한 시각 형태와 이들 형태 사이 공간 관계로서 되먹임의 질서인 형상이다. 구조는 전정 기관에서 입력되어 안쪽 두정엽에서 처리되는 평형 감각과 시각을 동기화해 인지하는 사실의 응력 구조다. 언어는 베르니케 영역의 음절 집합으로서 어휘를 사실의 공간 관계 구조를 더해 전측 상측두피질(A22r)에서 동기화하는 명제다. 상측두피질의 신경 활동은 앞서 이야기한 비트겐슈타인이 언어 그림 이론의 명제 구조를 잘 보여 준다.

브레인넥톰(Brainnetome) 연구는 확산 텐서 자기공명영상으로 신경 연결망을 추적해 246개로 세분화한 국소 지능 영역을 밝혔다. 브레인넥톰에서 둘로 나뉜 측두극(A38m, A38l)은 측두엽 앞쪽의 상측두회(A22r), 중측두회(A21r) 하측두회(A20rv)와 연결된다. A22r은 베르니케 영역의 음절 집합인 어휘를 공간에 놓여 있는 사실들의 관계 구조에 덧대 명제 의미를 생성한다. A21r은 세상의 중력 방향과 사실의 응력 관계를 처리해 사실을 구성하는 지각 층위 시각 요소에 응력 의미를 부여한다. 세상을 구성하는 사실로서 대상과 현상 그리고 시공간 사이의 응력 구조를 지각 층위 시각 요소에 더하는 것이다. 경사진 모습에서 느끼는 역동성은 A21r이 학습한 세상의 중력장과 사실의 질량 사이에서 일어나는 응력이다. A20rv은 BA 37영역이 지각한 되먹임의 보편적 공간 관계 질서에 이를 벗어난 시각적 관용성을 더한다. 측두극은 이렇듯 사실의 언어와 응력의 구조, 되먹임 질서를 모아 사실의 구조를 인지하게 된다.

A22r, A21r, A20rv의 신경 신호를 통합한 측두극은 갈고리 다발(Uncinate Fasciculus: UC)을 통해 전전두피질에 연결된다. 특히 응력의 구조를 지각하는 A21r은 극단낭(Extreme Capsule)으로 BA 44, 45와 연결되어 지각 층위의 구조 의미를 직접 전달한다. 중력장에 대응하는 사실의 모습에서 지각하게 되는 사실과 시공간 사이의 응력적인 관계의 구조다. 또한 측두극은 시간 순서로 의미를 처리하는 BA 45영역과 UC로 밀접하게 연결돼 모습의 공정을 구성한다. BA 45영역에 측두극의 명제, 구조, 질서 의미가 시간 순서로 나열되면 이에 대응하는 베르니케 영역의 어휘가 BA 44에 투영된다. 모이랑과 베르니케 영역의 언어가 사실의 유형을 구분하는 반면, 측두극과 전측 상측두 영역의 언어는 구조를 그려 낸다.

Lexicon의 언어 구조

두뇌 신경 활동에서 언어는 사실의 유형과 변화 그리고 구조의 의미가 공간 관계로 사상된 표상이다. 즉, 세상을 이루는 사실들이 가진 유형 의미와 변화 의미 그리고 성질로서 구조 의미와 공간의 관계가 언어에 담긴다. 두뇌 신경 활동에서 언어의 구조는 사실의 모습이 의미로 사상되는 지능의 층위에 따라 각기 다르다. 신경 언어 활동이 활발하게 시작되는 층위는 사실의 유형 의미를 인지하는 3차 시각 피질이다. 두뇌의 국소 지능 구조에서 언어 지능은 사실을 인지하는 지능과 밀접하게 위치한다. 어휘가 기억되는 베르니케 영역은 사실의 유형을 인지하는 모이랑 곁에 있다. 사실의 유형 인지 기억에 이를 표상하는 어휘를 부착하기 위해 이웃에 위치하는 연결 구조다. 이와 같은 구조로 명제를 생성하는 전측 상측두회(A22r)는 측두극 바로 곁에 있다.

언어 지능을 뇌 전체로 펼쳐 보면, 신경 어휘 사전인 Lexicon은 세 곳에 분포한다. Lexicon 1은 모이랑과 그 곁의 베르니케 영역으로, 사실로서 대상을 표상하는 유형 의미다. Lexicon 2는 브로카 영역에 시간 순서로 나열된 유형 의미의 일화 기억에서 읽는 사실의 변화다. Lexicon 3은 사실의 일화 의미들을 통합해 사실의 성질로 인식하는 전전두피질의 구조 의미다. 이들의 어휘(기표)는 모두 뒤쪽 BA 22영역에 기억되지만, 의미(기의)는 세 곳에 나뉘어 기억된다. 따라서 Lexicon 1 · 2 · 3은 사실이 가진 유형, 변화, 구조 의미를 기억하는 영역이고 이들의 어휘는 베르니케 영역에 저장된다. 과제 해결 신경 활동은 Lexicon 1 · 2 · 3의 의미 기억과 베르니케의 어휘를, 그리고 명제 기억을 재료로 FPN에서 일어난다. FPN는 전두-두정부 네트워크로 배외측 전전두피질(dlPFC)과 복외측 전전두피질(vlPFC) 그리고 모이랑 연결망이다. FPN은 의미와 어휘 기억을 재료로 이들의 관계를 찾는 신경 활동으로 과제를 해결하는 생각을 할 수 있다.

참고문헌

Kandel, E. R. et al.(eds.).(2021). *Principles of neural science. 6th ed.* McGraw-Hill.

Kuhnke, P. et al.(2023). The role of the angular gyrus in semantic cognition: a synthesis of five functional neuroimaging studies. *Brain Structure and Function, 228*(1), pp.273~291.

04
시각과 언어 사이의 대칭성

사실을 의미로 단순화하면 신경 활동으로 연산할 수 있게 된다. 의미로 변환된 사실의 유용성은 그 의미를 나열해 시간 차원으로 확장하는 신경 활동을 불러왔다. 사실의 변화를 인지할 수 있는 지능의 출현이다.

AI와 사주?

사실의 인지 유형 의미

사실의 모습이 1, 2차 시각 피질을 거쳐 모이랑과 측두극에 도달하면 유형과 양식 의미로 변환된다. 유형과 양식 의미로 변환되는 과정에서 사실의 모습은 특징으로 추상화되고 이들이 모여 특징 다양체를 이룬다. 선분, 각도, 위치, 응력 점, 농담, 색채, 깜박임, 이동 등이 특징이고 이를 결합한 폐곡선, 계조, 색조, 이동 궤적이 특징 다양체다. 특징 다양체가 하나로 모여 형태로 구별되고, 그 형태들이 일정한 공간 관계로 되먹임 되는 질서는 형상으로 지각된다. 배 쪽 경로에서 처리되는 되먹임의 형상과 달리, 등 쪽 경로는 계조를 통합한 투명성과 광택성으로 물성을 지각한다. 이러한 두 시각 경로를 따라 처리된 지각 층위 시각 단서들이 모이랑에 모이면 사실의 유형 의미로 인지된다. 물론 이 과정에는 청각, 미각, 후각, 체성 감각 같은 감각의 지각 단서 역시 유형 의미에 부착된다.

시각 자극이 여러 시지각 단계를 거치며 모이랑에 도달하면 감각 기억은 흐릿해지고 이를 대신해 의미가 선명해진다. 시지각 처리는 사실의 모습에서 추출한 특징을 합쳐 의미로 변환하는 과정을 거치기 때문이다. 시각 처리 지능은 사실의 모습을 기억하는 것이 아닌, 사실의 모습을 발생시킨 구조를 지각해 이를 기억하는 것이다. 나무를 예로 들면, 나뭇가지가 분지(Bifurcation)하는 구조와 타원형을 띤 나뭇잎의 되먹임 그리고 실루엣의 복잡계 구조가 기억된다. 이들 구조를 기억해 눈앞에 있는 나무 모습에 투영하면, 눈앞의 사실이 나무임을 선명하게 구별하고 인지할 수 있다. 모이랑의 유형 의미 기억은 이렇듯 눈앞에 있는 사실을 잘 구별할 수 있게 하지만, 모습을 선명하게 떠올리게 하지는 못한다.

측두극과 모이랑이 사실의 유형과 양식을 인지할 수 있게 돕는 또 하나의 시각 지능 영역은 전측 중측두회(A21r)다. 전측 중측두회 역시 사실의 모습이 아닌 구조를 지각하는 영역인데, 다만 응력 구조를 지각하는 점이 하측 측두피질과 다르다. 전측 중측두회는 언어와 시각 지능을 이어 주는 역할을 함께하며, 사실 모습의 구조를 명제로 서술할 수 있게 한다. 중측두회는 전정 기관의 평형 감각 정보를 세상 사실의 시각 모습에 연결해 응력 구조를 지각하게 한다. 수직과 수평 상태의 사실 모습에서 안정감을 느끼고 그 외의 각도를 불안정한 것으로 여긴다. 감정을 덧댄 모습으로 설명하면, 이는 기울어진 대상에서 느껴지는 역동적인 감성이다.

게슈탈트 심리학에 기반한 루돌프 아른하임의 시지각

구조는 전측 중측두회가 지각하는 사실의 응력 구조를 통찰한 것이다. 아른하임의 시지각 이론을 구성하는 균형, 형태, 성장, 운동, 긴장 등은 모두 전측 중측두이랑이 지각하는 응력 구조다. 사실의 근접 혹은 연결 사이에서 느껴지는 응력이나 사실의 부피 사이 응력 관계로 느끼게 되는 리듬감이다. 또한 기울어진 면에서 느끼는 역동성 역시 그곳에 있는 사실이 중력에 이끌려 흘러내릴 가능성이다. 전측 중측두회에서 지각된 응력 구조는 앞쪽 상측두회의 언어 지능에 의해 명제로 변환된다. 세상의 중력장과 그곳의 사실 사이 관계로서 응력 구조는 앞쪽 수직 다발을 통해 모이랑으로 전달된다. 모이랑은 오감을 통해 감각된 정보의 지각 의미를 통합하며 대상의 선명한 의미를 구성한다.

사실의 변화와 일화 의미

사실의 모습이 의미로 변환되는 신경 활동 과정에서 처리해야 할 정보의 양은 점차 줄어든다. 사실의 모습이 담고 있는 많은 시각 정보가 사실의 유형 의미로 변환되는 과정에서 구조로 압축되는 것이다. 사실의 감각 의미를 포기하는 대신 유형 의미를 얻는 모이랑은 이후의 고차 신경 활동에 큰 두 가지 이점을 제공한다. 하나는 사실의 모습이 유형 의미로 변환된 기억을 떠올리는 회상의 신경 활동을 할 수 있게 되는 것이다. 다른 하나는 사실의 유형 의미를 표상하는 언어를 사용해 정보를 공유할 수 있게 되는 것이다. 전자는 모이랑의 유형 의미를 브로카 삼각부(Pars Triangulari: BA 45)에 시간 순서로 나열하는 신경 활동의 자각이다. 후자는 베르니케 영역 어휘를 브로카 피각부(Pars Opercularis: BA 44)에 문법 구조로 나열해 사건의 모습을 언어로 표상하는 것이다.

사실의 모습을 심상으로 떠올리기는 어렵지만, 사실의 의미를 시간 순서로 나열해 사건의 일화를 떠올리기는 쉽다. 이는 심상으로 떠올릴 수 있는 첫 명시 기억 영역인 모이랑의 유형 의미에는 흐릿한 모습만 담겨 있기 때문이다. 눈앞의 사실을 보는 시지각 과정은 1, 2차 시각 피질을 거치며 모이랑에 기억된 조형의 의미와 일치하는지 평가한다. 하지만 기억을 심상으로 떠올리는 과정은 1, 2차 시각 피질과 단절된 채, 모이랑의 유형 기억만 불러온다. 따라서 두뇌는 눈으로 보고 있지 않은 기억의 사실 모습을 심상으로 떠올려 재현하지 못한다. 측두극 역시 양식 의미 기억만 가지고 있어 그 양식을 따라가며 눈앞의 모습에 변화를 주는 것만 가능하다. "양식에서 벗어나 사실을 있는 그대로 묘사할 수 없다"라는 곰브

리치의 통찰과 일치하는 두뇌의 시지각 구조다.

눈앞에 존재할 사실을 전제로 하는 두뇌의 유형 인지 지능은 눈앞에 없는 사실의 기억을 떠올려 재현할 수는 없다. 또한 두뇌는 사실의 모습을 재현하지 못하고, 측두극에 저장된 구조적 양식 기억만 따라 할 수 있다. 바우하우스 디자인 패러다임은 이런 두뇌 지능의 구조를 반영한 조형 생산 방법이다. 브로카 영역은 사실의 모습을 떠올리지 못하지만, 사건의 모습은 선명하게 떠올릴 수 있기 때문이다. 따라서 두뇌는 사실의 모습을 재현하지 못하고, 사건의 일화 기억을 따라 조형을 만드는 공정만을 기억한다. 바우하우스 패러다임은 사실의 모습을 떠올리는 것이 아닌, 솜씨의 일화를 떠올리는 것임을 보여 주는 두뇌 구조다.

신경 과학에서 브로카 영역의 유용성은 사실의 유형 기억을 시간 순서로 나열한 일화 기억에서 인식하는 사실의 변화다. 공간에 실재하는 사실로서 대상에 시간 차원을 더해 사실의 의미를 현상으로 확장하는 지능 활동인 것이다. 시간의 존재가 부정되는 현대 물리학의 패러다임과 달리, 두뇌는 시간을 선명한 사실로 여긴다. 루프 양자 중력 이론은 시간이 엔트로피 증가를 착각한 지능 활동의 환상이라 여긴다. 이를 인류학적 관점에서 보면, 사바나의 주기성 기후에서 생존 환경의 변화를 인지하는 지능이다. 두뇌는 실재하지 않는 시간을 인지하기 위해 신경 주기성을 측정하고 처리해 시간의 거리와 순서로 인지한다. 시간을 인지하는 브로카 영역의 신경 활동으로 두뇌는 시간을 생존 과제 해결을 위한 신경과 신체 행동의 기준으로 사용한다.

사실의 구조 인식 의미

시계는 고유의 주기성을 가지고 누적함으로써 주기의 양을 측정할 수 있다. 하지만 이렇게 측정된 것은 주기가 누적된 양일 뿐, 물리적 성질로서의 시간을 표상하지는 않는다. 신경이 생겨난 동물은 세포의 운동을 동기화시키기 위해 신경 생리적 주기성으로 행동의 기준을 만들었다. 브로카 영역은 주기성에서 인지 층위의 시간 기준계를 생성하고 시간의 양과 순서로 인지해 일화 기억을 생성한다. 주기성의 차원을 구성하고 이를 누적시킨 거리와 순서를 시간으로 인지하는 지능이 두뇌에 출현한 것이다. 이렇듯 시간을 인지하는 지능은 일화 기억으로 계절의 변화에 대응하는 생존 능력을 불러왔다.

진화 신경 인류학을 기반으로 이를 추론하면 시간의 인지는 호모 하빌리스에게 나타났다. 하빌리스의 두개

골 화석에 남은 브로카 영역의 팽창 흔적으로 이를 추정할 수 있는데, 문화 인류학으로 교차 검증할 수 있다. 불과 도구를 사용한 것은 오스트랄로피테쿠스 아파렌시스지만, 불을 피우고 도구를 만들게 된 인류의 흔적은 호모 하빌리스에게 나타난다. 브로카 영역이 시간 좌표계를 가지게 되며 솜씨 의미를 시간 순서로 나열해 도구를 만드는 공정을 구성할 수 있게 되면서다. 시간을 인지하는 지능의 좌표계가 출현하며 인류는 변화를 사실의 성질로 받아들일 수 있게 되었다.

브로카 영역이 인류에게 미친 더 큰 영향은 유형 의미를 시간 순서로 나열한 일화 기억들의 통찰에서 사실의 성질을 인식하게 된 것이다. 브로카 영역에서 생성되는 일화 의미는 이산(離散)되었던 유형 의미에 시간 차원의 연속성을 부여해 성질의 구조를 인식할 수 있게 했다. 모이랑이 이산된 감각 의미를 모아 유형 의미로 구성한 것처럼 브로카 영역은 유형을 나열한 연속성에서 구조를 인식했다. 이후 언어의 사용과 맞물린 브로카 영역에 피각부가 나타나 유형 의미를 기표로 증강했다. 점으로 이산된 유형 의미가 일화로 연결되고 이를 2차원으로 펜 기억 공간에서 사실의 성질을 깨닫는다. 사실의 모습이 아닌 구조를 담은 인식은, 사실을 시간 좌표계의 연속성으로 확장해 도달한 현상의 성질로 알게 된다. 두뇌에 나타난 마지막 지능 단계는 이렇듯 사실의 성질을 깨닫고 이를 언어에 담아 사유하는 것이다.

참고문헌

Annibale et al.(2025). Time perception in cerebellar and basal ganglia stroke patients. *Scientific Reports, 15*(1), p.4948.

Kandel, E. R. et al.(eds.).(2021). *Principles of neural science. 6th ed.* McGraw-Hill.

05
모습과 언어 사이의 대칭성

두뇌는 사실의 모습과 변화 그리고 성질의 의미에 이르는 신경 활동 층위를 가진다. 이런 신경 처리 과정에서 사실의 모습은 사라지고 의미가 이를 대체하게 된다.

AI와 아이돌?

형태의 지각 의미

사람들은 아름다움을 느끼는 섬세한 신경 활동과 이에 끌리는 강한 감성을 가지고 있다. 잘 익은 투명한 과일과 강렬한 색채의 꽃에 이끌리고, 맑은 물이 흐르는 물가에 앉으면 마음이 편해진다. 푸른 하늘을 떠가는 뭉게구름, 붉은 노을과 창밖에 내리는 비, 넓은 초원에 화려하게 펼쳐진 꽃밭과 해변은 사람들을 설레게 한다. 나선으로 휘몰아치는 은하와 해바라기 씨앗의 배열, 반짝이는 반딧불이의 군무와 따뜻한 모닥불의 부드러운 춤은 시선을 빨아들인다. 모래 언덕의 고운 패턴과 맑은 물의 일렁임 그리고 언덕 위 나무 한 그루와 오솔길의 소실점은 그곳으로 이끄는 힘이 있다. 또한 잠자리의 반짝이는 날개와 화려한 나비의 날갯짓 그리고 반려동물의 사랑스러운 행동에서 벗어나기는 어렵다.

인간은 이렇듯 특별한 상태나 대상 그리고 모습에서 아름다움을 느끼는 신경 활동을 가지고 있다. 진화 미학은 아름다움의 감정 상태가 생존에 유용한 사실을 구별하고 그것 가까이에 머물려는 심리 상태라고 설명한다. 신경 미학은 두뇌의 특정 신경 영역이 사실의 조형 가치를 읽으며 도달하는 신경 활동으로 아름다움을 본다. 공간 미학은 유전자 정보로부터 표현형이 발생하는 복잡계의 되먹임 구조로 아름다움을 설명한다. 언어 미학은 호감을 느끼는 상태와 대상을 표상하는 언어의 구조로 아름다움을 설명한다.

진화 미학은 아름다움을 느끼는 이유를, 언어 미학은 언어에 담긴 아름다움의 표상 구조를 알려 준다. 아름다움을 조금 더 선명한 구조로 이해하려면 신경 미학과 공간 미학에서 연구해 온 미의식의 구조 인식을 사용해야 한다. 우리가 아름답게 느끼는 조형은 그것을 생성하는 구조적 특징을 가졌는데, 바로 복잡계의 되먹임과 유전자의 되먹임이다. 능선들이 겹치는 산맥과 지류가 합쳐지는 강의 모습 그리고 물결과 구름의 모습 모두 되먹임으로 만든다. 꽃잎의 부드러운 배열과 나뭇가지의 섬세한 분지, 나비와 새들의 아름다운 대칭 역시 되먹임이다.

두뇌 지각 층위의 지능은 이런 사실을 발생시킨 필연적 구조를 지각하고, 그 구조에서 아름다움을 느낀다. 높은 오피오이드 수용체 밀도로 강렬한 아름다움을 느끼는 2차 시각 피질은 이런 되먹임 지각에 특화된 영역이다. 되먹임의 조형 구조를 처리하는 대표적 지능 영역은 아래쪽 측두엽의 방추 이랑(Fusiform Gyrus BA 37)이다. 1차 시각 피질의 형태 정보가 전달되는 방추 이랑은 대칭과 같은 형태의 닮음을 지각하는 영역이다. 얼굴과 날개의 거울 대칭, 꽃잎과 민들레 홀씨의 방사 대칭, 물결과 모래 결의 병진 대칭이다. 이들 모두는 같음과 닮음을 반복 생성하는 복잡계와 유전자의 되먹임 끌개로 만들어진다.

방추 이랑(BA 37)과 앞쪽 하측두엽(BA 20)이 협업하면 기하학적 대칭이 복잡계의 대칭성으로 확장된다. 대칭성은 '닮음'으로 확장된 '같음'으로, 기하학적 정의의 같음이 아닌 발생 구조가 같은 복잡계의 형태적 비슷함이다. 물결이나 모래 결은 기하학적 정의의 같은 모양은 아니지만, 복잡계의 발생 구조에서 닮은 모습의 같음이다. 자연이 생성하는 조형에는 똑같은 모양은 없지만 서로 닮은 형태들이 되먹임 되는 모습은 많다. 측두엽은 이러한 닮음이 되먹임되는 질서 구조의 조형에서 아름다움을 느낀다. 하지만 지각 층위에서 일어나는 미의식의 신경 활동은 전전두피질에서 자각되지 않아 인식 의미를 생성하지 못한다.

유형의 인지 의미

지각 층위 미의식을 의식할 수 없는 두뇌의 지능 구조는 자연스럽게 이를 표상하는 언어도 생성하지 못한다. 지각 층위 지능 활동은 눈앞 사실의 모습에 미의식의 구조를 투영하고 아름다움을 평가해 사실의 모습이 사라지면 신경 활동도 종료된다. 아름다움의 구조를 기억하는 신경 함수는 사실의 모습이 가진 미의식 구조를 평가하고 좋음과 나쁨으로 단순하게 변환한다. 모이랑이 전달받는 사실의 시각 정보는 구조가 아닌 '좋음' 혹은 '나쁨'의 디지털화된 신호에 불과하다. 따라서 아름다움으로 느껴진 사실의 조형 구조는 다음 신경 층위로 전달되지 못한다.

아름다움을 느끼는 신경 활동의 의식적 자각이 일어나는 첫 지능 층위는 명시(明示) 지능 영역인 모이랑이다. 뇌 과학의 명시 영역이라는 분류처럼 자각 지능의 측두극은 모이랑 신경 활동의 의식적인 인식이 가능하다. 1, 2차 시각 피질의 신경 활동이 '좋음'과 '나쁨'으로 3차 시각 피질인 모이랑에 도달하면 종료되어 전두극으로 전달되지 않기 때문이다. 명시 지능의 첫 단계인 모이랑과 베르니케의 두 영역이 연합하고 유형 의미의 기의에 이를 표상하는 기표가 부착된다. 따라서 아름다움의 어휘가 생성되는 최초의 지능 영역은 모이랑과 베르니케 영역이 연합하는 인지 층위다.

3차 시각 피질은 2차 시각 피질보다 오피오이드 수용체의 밀도가 높다. 이는 좋음의 감정으로 사실의 유형을 더 잘 기억하기 위한 두뇌 구조로 보인다. 모이랑은 감각의 지각 층위 기억을 모아 눈앞에 있는 사실의 유형을 인지하는 지능 영역이다. 모이랑은 사실에서 좋음을 느끼는 자신의 행동을 자각할 뿐 아름다움의 구조는 알지 못한다. 즉, 모이랑은 아름다움을 인지하는 영역이 아닌 아름다움을 느끼게 한 사실을 인지해 구별하는 지능 영역이다.

이를 통해 모이랑은 아름다움의 구조를 지각하는 층위가 아닌 아름다운 사실의 유형 의미를 인지하는 영역임을 알 수 있다. 붉은 광택의 사과와 강렬한 색채의 꽃에서 느낀 아름다움의 일화를 기억할 뿐, 아름다움을 느끼게 한 신경 활동은 기억되지 않는다. 따라서 두뇌는 아름다운 사실의 유형을 인지해 기억할 수 있지만 아름다움의 구조를 인지해 기억하는 것은 불가능하다. 사과와 꽃에서 섬세한 아름다움을 느끼지만 그 아름다움의 구조를 알지 못하는 두뇌의 신경 구조다.

양식의 인지 의미

모이랑과 같이 측두극 역시 지각 층위의 기억들이 연합하지만, 이 둘 사이에는 차이점이 있다. 모이랑은 모습을 포기하며 선명한 유형 의미를 남기고, 측두극은 모습을 포기해 선명한 양식 의미를 기억한다. 또한 모이랑은 자연의 사실 모습에서 유형 의미를 인지하지만 측두극은 자신이 만들어 가는 모습에서 구조 의미를 인지한다. 구조 의미를 투영할 사실을 자신의 솜씨로 만들어 가는 측두극의 기억은 유형 의미를 구별하는 신경 활동과 달리 자각될 필요가 없다. 자연이 만들어 놓은 생존 사실들을 비교해 더 유용한 것을 채집하는 활동은 자각이 필요하지만, 만드는 활동에는 필요하지 않다.

양식을 인지하는 신경 활동을 몬드리안의 추상 회화 작업에 비유할 수 있다. 몬드리안은 자신의 양식 기억을 투영할 기본 모습을 만들고, 모양을 더하며 수정하는 과정을 계속했다. 갈고리 다발(UC)로 전전두피질에 연결된 측두극의 양식 의미 기억을 자신이 만드는 모습에 비교해 사실을 만들어 간다. 이때 중요한 역할을 하는 지능 영역이 배 쪽 2차 시각 피질로, 선분의 질서와 색채의 배열에서 아름다움을 느낀다. 이렇듯 자신이 만들고 있는 사실의 모습과 양식의 구조를 비교하는 신경 활동을 자각할 필요는 없다. 모이랑이 사실을 비교해 채집하는 활동은 자각되어 일화로 기억하지만, 사실을 제작하는 활동을 자각하고 기억할 필요는 없다.

눈앞에 있는 사실의 유형 의미를 인지하는 모이랑과

달리 눈앞에 없는 사실을 인지하는 측두극 양식 의미는 자각되지 않는다. 따라서 측두극의 양식 의미를 아는 뇌의 자각 영역으로 옮겨 와야 비로소 측두극의 양식 의미가 가진 구조를 알게 된다. 측두극의 양식을 아는 뇌 영역으로 옮겨 오는 전통적 방법은 관련 분야 임상 활동에서 이를 인식하는 방법이다. 디자인 분야를 예로 들면, 측두극이 양식 의미를 인지하는 구조를 근접인으로 깨달아 인식하는 것이다. 하지만 이런 양식 의미를 자각하는 신경 활동은 영감(靈感)같이 매우 이례적인 사건이다.

구조의 인식 의미

인간의 두뇌는 두 부분으로 나뉘는데, '느끼는 뇌'와 '아는 뇌'다. 뒤통수 쪽의 '느끼는 뇌'는 자극의 감각을 처리하고 이마 쪽 '아는 뇌'는 생각을 처리한다. 느끼는 뇌는 사실의 모습에서 아름다움을 섬세하게 지각하는 여러 신경 함수의 복잡한 연결로 이루어진다. 니코 틴버겐이 통찰한 초정상 자극(Supernormal Stimulus)의 끌개로 생성된 신경 함수가 아름다움의 구조를 지각하는 것이다. 즉, 느끼는 뇌를 구성하는 여러 신경 함수의 복잡한 연결로 조형의 생성 구조를 지각해 아름다움을 느끼는 것이다. 이런 두뇌를 가진 인간이 아름다운 사실을 보며 좋음을 느끼는 것은 자연스러운 신경 활동의 결과다.

두뇌 신경 활동 구조에서 아름다움을 만드는 디자이너의 신경 활동은 아름다운 사실을 보며 느끼는 것과 전혀 다르다. 디자인은 '아는 뇌'에서 일어나는 신경 활동인데, 이곳은 '느끼는 뇌'와 달리 아름다움을 처리할 신경 함수가 존재하지 않는다. 따라서 디자이너의 '아는 뇌'에 '느끼는 뇌'의 신경 함수 작동 구조를 이식해 와야 비로소 디자인 과제를 해결할 사유의 신경 활동이 작동한다. 가장 최근의 진화로 나타나 한정된 지능 자원만 가진 '아는 뇌'의 신경 활동은 극도로 함축된 인식 의미만 재료로 사용하기 때문이다. 따라서 느끼는 뇌의 신경 함수가 지각하는 아름다움의 구조를 인식 의미로 변환해 아는 뇌가 기억하게 해야 하는 것이다.

꽃의 아름다움을 느끼는 '느끼는 뇌'는 사실의 모습에서 조형 요소를 지각하고 이를 통합해 유형 의미를 인지한다. 하지만, 지각 층위는 자각되지 않으며, 유형 인지 층위는 이미 만들어 놓은 사실의 미의식 가치를 구분할 뿐 이를 만들지 못한다. 꽃의 아름다움을 재현하려는 디자이너의 '아는 뇌'는 지각 층위가 처리하는 조형의 구조 의미를 인식해 이를 기억하고 있어야 한다. 꽃잎이 피보나치 수열을 따라 배열되는 구조, 색채와 계조가 더해진

색조에서 읽어 내는 넙스(NURBS) 곡면 구조 등이다. 따라서 아름다운 모습을 재현율이 높은 조형 인식으로 만들어 내려면 '느끼는 뇌'에서 처리되는 조형의 구조를 알아야 한다.

참고문헌

Ingram, J. C. L.(2007). *Neurolinguistics: An introduction to spoken language processing and its disorders.* 이승복·이희란 옮김(2010). 《신경언어학: 언어처리와 언어장애의 신경과학적 이해》. 시그마프레스.

Kuhnke, P. et al.(2023). The role of the angular gyrus in semantic cognition: A synthesis of five functional neuroimaging studies. *Brain Structure and Function, 228*(1), pp.273~291.

06
인공지능의 모습 의미 학습

두뇌 신경 활동으로 생성되는 자연어는 모습과 대칭이다. 두뇌 신경 활동의 진화 과정과 대응해 자연어의 품사 구조를 읽을 수 있다. 명사, 동사, 형용사는 이런 두뇌의 진화 과정을 잘 보여 준다.

AI와 야구?

사실의 모습과 자연어의 의미

인간이 사용하는 자연어는 두뇌의 신경 활동 구조를 따라 만들어진다. 언어 사용의 출발점은 호모 하빌리스의 전두엽에 브로카 영역 삼각부가 나타난 것이다. 이 영역은 진화 과정에서 원래 형질이 다른 기능 형질로 바뀌는 굴절 적응(Exaptation)을 잘 보여 준다. 호모 하빌리스에게 나타난 브로카 영역 삼각부의 원래 목적은 도구를 만들기 위해 공정을 구성하는 지능이었다. 이는 오스트랄로피테쿠스 아파렌시스에게 새롭게 나타난 모이랑 지능의 유용성과 궤를 같이한다. 즉, 모이랑은 사실의 유형 인지와 변화의 현상 인지 그리고 가공의 조작을 인지하는 영역이다.

모이랑의 효용성을 높이는 방법은 인지 기억을 시간 순서로 나열해 선형 의미를 구성하는 것이다. 모이랑의 이산(離散)된 인지 의미 기억을 시간 차원에서 관계 지으면 소비자에서 생산자로 지위를 옮길 수 있었다. 강돌을 바위에 던져 얻는 석편(石片)의 확률적 날카로움을 벗어나, 의식적인 조작으로 원하는 날카로움을 얻을 수 있게 된다. 적당한 강돌 고르기, 돌날 모양을 떠올리고 대칭으로 떼어내기, 돌날을 열처리해 안정화하기를 공정으로 합쳐 도구 제작 솜씨를 얻은 것이다. 하빌리스의 브로카 삼각부는 언어의 사용이 아닌, 인지 의미를 시간 순서로 나열해 솜씨를 갖추기 위해 나타났다.

솜씨와 언어의 공통점은 이렇듯 인지 의미를 시간 차원에 나열하는 지능 형질의 사용이다. 시간 차원의 기억 공간인 베르니케 영역에는 모이랑의 유형, 현상, 조작의 인지 의미를 나열할 수 있다. 시간 차원으로 나열한 현상과 조작의 인지 의미로 공정을 구성하면 원하는 도구를 더 잘 만드는 솜씨로 변환된다. 브로카 영역 삼각부가 가진 또 다른 유용성은 인지 의미를 나열해 더 복잡한 의미를 섬세하게 구성하는 것이다. 모이랑의 단일 인지 의미가 아닌 이를 시간 차원의 문법 구조로 배열함으로써 얻는 복잡한 의미다. 브로카 지능의 유용성으로 인류는 사바나의 포식자들과 경쟁에서 승리할 수 있었다.

브로카 영역이 일으키는 빠른 형질 변화는 인류를 향한 진화 여정의 출발점이 되었다. 급격한 생존 형질의 변화를 잘 보여 주는 호모 에렉투스는 사바나에서 140만 년 넘게 살아남은 인류다. 에렉투스는 도구 제작 능력을 발전시켜 자신을 보호하고 사냥감을 공격하는 무기를 얻어 사냥꾼의 생태 지위에 들어섰다. 하루 20～25km를 이동할 수 있는 신체를 가지게 된 에렉투스는 사냥과 채집으로 얻은 먹거리를 불에 익혀 먹으며 생존의 효율성을 더 높였다. 불에 익히는 화식으로 씹고 소화하는 과정을 생략하며 에너지 효율을 2배까지 높였고, 여러 질병에서 벗어날 수 있었다. 이때 에렉투스에게서 나타난 언어 지능 영역이 모이랑의 인지 의미를 기표로 변환하는 베르니케 영역이다.

에렉투스는 아직 조음(調音) 기관을 가지지 못했지만, 어휘를 기억하는 베르니케 영역이 두뇌에 나타났다. 하빌리스의 브로카 영역이 도구 제작 공정 지능이듯 베르니케의 지능 형질은 모이랑의 인지 의미를 몸짓으로 변환한다. 몸짓과 의미를 결합하는 베르니케 지능 형질은 인류가 구강 언어를 가지게 되며 모이랑의 의미를 어휘와 연결했다. 몸짓 언어를 사용해 생존 자원 정보를 공유한 에렉투스는 100만 년 후 호모 하이델베르겐시스에 이르렀다. 언어 진화의 긴 여정을 거쳐 온 하이델베르크인에게는 구강 언어 사용을 가능케 한 두 가지 유전자 변이가 관찰된다.

구강 언어의 출현과 관련된 대표적인 유전자 변이는 RUNX2의 억제와 FOXP2 유전자의 발현이다. RUNX2는 아래턱의 발달을 유도하는 유전자로, 아래턱을 돌출시켜 충분한 구강 공간을 확보할 수 있게 한다. RUNX2가 메틸화된 하이델베르크인의 아래턱이 뒤로 물러나며 좁

아진 구강 공간을 확보하기 위해 후두가 하강하게 되었다. 후두가 구강 아래로 하강하는 과정에서 하이델베르크인의 인두는 섬세한 조음이 가능한 충분한 길이를 얻었다. 하이델베르크인이 구강 언어를 사용할 수 있게 된 또 하나가 FOXP2 유전자의 출현이다. FOXP2 유전자는 기저핵-피질 회로의 가소성을 높여 발성에 필요한 운동을 정교하게 조절할 수 있게 했다. 또한 FOXP2가 브로카 영역 피각부(BA 44)를 확장해 베르니케 영역의 어휘 기억을 문법 구조로 배열할 공간을 만들었다. 하빌리스의 브로카 영역 삼각부가 모이랑의 의미 기억을 시간 순서로, 하이델베르크인의 피각부는 어휘 기억을 문법 순서로 나열한다.

호모 사피엔스의 두뇌에는 브로카 영역 삼각부와 피각부를 연합해 두뇌 유용성을 높이는 새로운 지능 영역이 출현했다. 등 쪽 전전두피질(BA 46, 9)은 브로카 영역(BA 44, 45)과 모이랑-베르니케(BA 39, BA 22)를 연결해 의미를 연산하는 지능이다. BA 46, 9영역은 BA 45와 BA 44의 시간 차원에 인지 의미와 어휘 기억을 불러와 나열하고 생각의 신경 활동으로 이를 연산한다. 즉 BA 45와 BA 44에 배열된 인지 의미와 어휘 기억의 순서를 배열하는 연산으로 생각의 신경 활동을 할 수 있다. 생각의 신경 활동으로 사실을 직접 경험하지 않고도 기억을 통해 세상의 의미를 이해할 수 있게 되었다.

사실의 모습과 언어 의미의 관계

320만 년의 진화 여정을 마치며 현대에 이른 인류는 3단계의 언어 지능을 가지고 있다. 하나는 아파렌시스의 모이랑 지능과 연합한 베르니케 영역에서 생성되는 유형을 표상하는 언어다. 유형 의미를 담은 인지 층위의 어휘 대부분은 사실을 유형 범주로 구분할 수 있는 명사 상태에 머문다. 나무와 사과, 산과 강, 자동차와 도로, 옷과 신발, 컴퓨터와 노트북 같은 일반 명사는 대상이 아닌 사실을 지칭한다. 하나의 고유 대상이 아닌, 같은 성질의 비슷한 모습을 가진 대상들의 유형을 인지하는 지능이다. 이에 비해 '철수'와 '서울' 같은 고유 명사는 단일 대상을 구별해 지칭하는 명사다. 이런 일반 명사와 고유 명사는 확연히 구분되는 두뇌 신경 활동으로 처리된다. 일반 명사 의미 처리에는 모이랑이, 고유 명사 처리에는 전전두피질이 참여한다.

사실의 유형을 지칭하는 일반 명사의 신경 활동에는 여러 흐릿한 감각 기억이 사실의 특징으로 더해진다. 따라서 선명하지 못한 감각 기억과 선명한 유형 기억을 눈앞 대상의 모습에 덧대 사실을 인지한다. 고유 명사는 사람과 장소같이 각각의 대상을 구별해 인지하는 고유 지능으로 처리된다. 이런 고유 명사에서도 사람과 장소는 서로 다른 신경 활동을 통해 인지된다. 사람은 방추상 얼굴 영역(FFA)과 측두극으로 얼굴을 구별해 인지한다. 장소는 해마 곁 장소 영역(PPA)의 환경 중심 좌표계와 후대상 피질(RSC)의 자기중심 좌표계가 연합해 인지된다. 시각적 모습과 신체 경험을 결합해 장소 의미를 생성하는 지능을 가지고 있어 대상을 구별할 수 있다. 생존에 큰 영향을 끼치는 사람과 장소를 인지하는 데 전문화된 지능들이 있기 때문이다.

언어 지능 두 번째 층위에서는 동사가 생성된다. 동사는 모이랑의 현상 인지와 브로카 영역 삼각부의 성질 인식으로 구분된다. 모이랑과 측두극이 인지하는 동사는 자동사로, 변화 모습 자체와 변화의 응력 구조를 담는다. 이에 비해 브로카 영역에서 생성되는 타동사는 사실의 유형과 사실 현상 사이의 변화를 담는다. 타동사는 모이랑의 유형 의미가 브로카 영역의 시간 좌표에 나열되며 이들 사이의 관계로 모습과 구조의 변화가 인식된다. 행위자와 대상, 두 논항의 관계 설정이 필요한 타동사 처리는 모이랑(BA 39)과 뒤쪽 중측두 이랑(A21c)이 함께한다. 모이랑은 유형으로서 사실을 인지하는 영역이고 뒤쪽 중측두 이랑은 응력 구조로서 변화 가능성을 지각한다. 두 영역의 활성화로 사실과 변화의 논항이 인출되어 브로카 영역에 사상(Mapping)되면 이들 관계로 타동사가 인식된다. 이에 비해 자동사는 모이랑의 사실 유형과 사실 변화의 의미만으로 충분히 인지할 수 있다.

인류가 호모 사피엔스로 진화하며 언어를 사용하기 위한 지능 영역과 연결 구조는 더욱 더 복잡해졌다. 전전두피질(BA 46, 9)과 브로카 영역(BA 44, 45)의 밀접한 연결 그리고 이들의 활동을 제어하는 전두극(BA 10)의 확장 등이다. 유형의 인지에서 대상들 사이의 변화 관계로 확장된 언어는 마침내 명제를 함축한 성상(性狀) 형용사의 생성에 이르렀다. 형용사 역시 명사와 동사처럼 여러 층위로 나뉘는데 크게 감각 층위 형용사와 성상 층위 형용사로 구분할 수 있다. 감각 형용사는 지각 층위 의미들을 모은 인지 어휘이고 성상 층위 형용사는 인식 층위에서 생성된다.

지각 요소들에서, 유형으로서 사실을 인지하는 과정에서 의식된 성질이 감각 형용사다. 이는 주로 색채, 계조, 광택같이 모이랑에서 사실의 유형으로 구성되는 등쪽 경로의 감각 요소들이다. 반면, 배 쪽 경로를 따라 처리되어 측두극에서 양식으로 구성되는 시각 구조 요소들은 형용사로 생성되지 않는다. 측두극의 양식 의미가 암시 영역에 머물고 음절 집합으로 어휘를 기억하는 베르니케 영역과 멀리 떨어져 있기 때문이다. 성상 형용사는 사피엔스의 언어 지능에서 일어나는 신경 활동 구조를 잘 보여 주는 품사다.

브로카 영역에서 생성되는 타동사같이 성상 형용사는 전전두피질과 브로카 영역이 연합한 신경 활동으로 생성된다. 브로카 영역의 타동사에서 사실의 변화 구조를 인식하고 이를 통해 깨달은 사실의 성질로서 인식이 생성된다. 성상 형용사는 사실의 모습에서 지각한 시각 요소가 아닌 사실 의미의 연합에서 인식되는 성질이다. 증가하는, 구조적인, 합리적인 같은 사실의 성상을 표상하는 형용사는 변화와의 관계로 추출된다.

참고문헌

조택연(2019). 《(뜬금없이 나타난)디자인 인류: 진화와 문명의 여정》. 컬쳐코드.

Ingram, J. C. L.(2007). *Neurolinguistics: An introduction to spoken language processing and its disorders.* 이승복·이희란 옮김(2010). 《신경언어학: 언어처리와 언어장애의 신경과학적 이해》. 시그마프레스.

07
인공지능의 자연어 의미 학습

자연어에는 두뇌의 신경 활동 구조로 생산된
사실의 시각 모습과 의미가 내재한다.
인공지능은 자연어에 내재하는 사실의 모습과
의미를 학습한다. 자연어와 인공지능이
생성하는 생성 조형은 대칭이다.

AI와 윤동주?

모습과 언어 대칭성을 생산하는 신경 지능

사실의 시각 기억과 이를 표상하는 언어 기억 사이에는 대칭성이 있다. 두뇌의 시각 기억은 사실 모습이 아닌 구조와 의미로 사실의 유형을 인지한다. 모습의 지각 요소를 모아 유형을 구성하는 시지각 과정에서 사실의 모습은 점차 흐려진다. 시지각 활동은 사실의 선명한 모습이 아닌, 선명한 유형과 선명한 양식 의미의 사실을 기억하는 것이다. 이렇게 얻은 선명한 유형과 양식 의미 그리고 흐릿한 모습을 합친 인지 기억을 눈앞의 사실에 투영해 의미를 구별한다.

시지각 신경 활동을 반영하는 언어는 이렇듯 사실의 유형을 구분하는 시각 기억을 표상한다. 대상을 지칭하는 데 사용되는 자연어는 유형을 인지하는 모이랑의 신경 활동과 사실 사이의 의미 관계다. 변화를 지칭하는 자연어는 모이랑과 측두극 그리고 브로카 영역의 신경 활동과 사실의 의미 관계다. 사실의 성질을 지칭하는 자연어는 브로카 영역과 전전두피질 신경 활동과 사실의 의미 관계다. 사실의 의미 기억과 이를 표상하는 언어는 사실의 의미를 처리하는 신경 활동의 결과다. 명사, 동사, 형용사는 이렇듯 두뇌 진화와 함께 사실의 의미를 섬세하게 다루는 지능으로 생성된다.

언어를 사용하는 두뇌는 10만 년 전 호모 사피엔스 사피엔스에게서 완성되었다. 이들에게 나타난 뚜렷한 해부학적 특징은 구형화(Globularization)된 모습의 두뇌다. 하이델베르크인까지 수평으로 긴 모양이던 두뇌는 신경 연결망의 재구성으로 둥글게 변화했다. 두뇌가 구형화되어 '아는 뇌'와 '느끼는 뇌'가 더 짧은 신경 섬유 경로로 연결되며 밀접해졌다. 아는 뇌와 느끼는 뇌의 밀접한 연결로 나타난 기본 모드 네트워크(DMN)는 사피엔스의 사유 능력을 획기적으로 높였다. 또한 이마 쪽이 확장된 현생 인류의 두뇌에 새롭게 나타난 지능 영역들이 궁상다발(Arcuate Fasciculus)의 발달을 불러왔다. 궁상다발은 베르니케 영역과 브로카 영역을 연결하는 신경다발로 어휘에 구조를 더해 문장 생성을 돕는 통로다.

이렇게 두뇌의 진화는 지능을 중요한 생존 도구로 사용하는 생태 지위를 현생 인류에게 주었다. 현생 인류의 구형화된 두뇌의 확장된 이마 공간에는 언어와 생각의 BA 10, 46, 9, 44, 45, 32 영역이 나타났다. 인식 의미를 담은 언어를 재료로 생각의 신경 활동을 하고 생각으로 사실의 성질을 깨달아 의미를 생산하는 지능이다. 이렇게 생산된 의미는 점차 추상화되어 사실의 의미를 함축하고 포괄해 경험하지 못한 내일을 추측하는 예측 의미가 되었다. 현생 인류의 언어 지능에 이르는 진화 여정에서 두뇌 여러 층위에는 언어를 기반으로 생각하는 지능들이 나타났다.

언어 지능의 진화는 개체의 신경 지능을 넘어, 인류가 사용할 수 있는 지능을 집단의 무리 지능으로 확장했다. 개체의 지능이 해결하는 생존 과제가 아닌, 개체의 앎을 무리 지능으로 구축하고 옳은 앎을 검증해 생존 과제를 해결하는 지능이다. 개체의 유형 인지 의미를 무리 지능의 인식 의미로 변환하기 위해 유형 의미를 보완할 추상 의미의 언어를 불러왔다. 전전두피질 신경 활동의 발달로 사실의 유형을 표상하는 명사를 대상으로 세분하기 위한 성상 형용사가 출현했다. 섬세한 언어 연결망으로 구축된 무리 지능을 가진 인류는 생존 과제를 더 효과적으로 해결할 수 있었다.

무리 지능의 유용성을 잘 보여 주는 변이가 사피엔스 사피엔스의 SRGAP2B/C 유전자다. SRGAP2B/C는 신경 섬유의 수초화(Myelination)를 늦춰 시냅스 성숙을 지연시키는 유전자다. 신경 섬유를 전연 물질로 감싸는 수초화가 일어나면 정보 전달 속도가 높아져 지능의 신경 활동이 증대된다. 반면 수초화가 완성된 두뇌는 낮은 가소성(可塑性)으로 새로운 환경을 경험하고 학습해 적응하는 데 어려움을 겪는다. 즉, 무리 지능에 적응한 두뇌는 빠른 지능 향상 대신 오래 가소성을 유지해 더 많이 학습하는 방향을 선택했다. 무리 지능으로 축적된 옳은 지식을 충분히 배운 후 이를 생존에 활용할 수 있을 때 수초화가 일어난다. 이렇듯 320만 년 전 출발한 인류로의 진화 여정은 언어 지능의 진화와 함께했다.

모습과 언어 대칭성을 학습하는 인공지능

인공지능은 신경 지능이 자연어로 서술한 사실의 모습에서 둘 사이의 대칭성을 학습한다. 이미지와 그것에서 인간이 읽은 의미를 서술한 자연어 세트를 통해 둘 사이 대칭성을 읽는 것이다. 이미지의 의미를 신경 지능이 읽어 이를 문장으로 서술한 데이터 세트에서 둘 사이 관계를 학습하게 된다. 따라서 이미지 생성 인공지능(IGA)의 출발점은 사실의 모습과 이를 서술한 자연어 의미 사이의 관계 학습이다. 이미지 생성 인공지능은 인간의 언어 지능이 서술한 사실의 의미와 그 사실 모습의 관계를 연관 짓는다.

미드저니 같은 AI는 LAION-5B나 COCO의 데이터 세트에서 자연어와 영상의 정보 쌍(Paired Data)을 학습한다. 이들 데이터는 수십억 세트에 이르는 사실의 모습과 자연어 의미의 쌍을 가지고 사실의 모습과 언어 사이의 대칭성을 학습한다. 데이터 세트에서 사실의 모습을 자연어로 설명하는 캡션같이 사실 모습에서 사람들이 느낀 의미를 텍스트로 서술한 것이다. 이렇듯 쌍을 이룬 영상 정보와 자연어 문장은 두뇌의 시지각 과정에서 사실의 모습과 의미를 연관 지었다. 데이터 세트의 자연어 특성으로 어휘의 사용 빈도와 나열 순서가 반비례하는 지프(Zipf) 분포를 따른다.

자연어 의미와 영상 정보 의미의 연관성 학습에는 CLIP(Contrastive Language-Image Pretraining) 같은 모델이 사용된다. Open AI에서 개발한 CLIP는 텍스트와 이미지 셋을 함께 학습해, 자연어와 연관성이 높은 사실의 모습을 생성하는 데 사용된다. CLIP은 텍스트와 이미지를 공통 임베딩 공간(Embedding Space)에 사상(Mapping)시켜, 이미지와 자연어의 의미 관계를 이해한다. 임베딩 공간은 고차원 데이터(단어, 문장, 이미지 등)를 특징으로 사상해 데이터 세트의 관계를 벡터로 투영하는 수학적 공간이다. 즉, 자연어 문장의 의미 유사성에서 벡터 공간에 비슷한 의미들이 더 가까이 위치하도록 사상하는 것이다. 이를 기반으로 자연어 단어가 가진 의미로 구성한 문장의 관계 구조를 파악한다.

이미지 임베딩은 영상 정보의 픽셀을 합성곱 신경망(CNN)으로 벡터화해 공간, 거리, 각도의 관계를 특징 차원으로 구성된다. CLIP의 대조 학습(Contrastive Learning)을 통해 벡터화된 자연어와 영상 정보는 임베딩 공간에서 가까울수록 연관된 것으로 간주한다. 자연어 정보와 영상 정보의 데이터 세트에서 더 많이 반복되는 데이터의 벡터값이 더 가까워지도록 CLIP가 학습한다. 이렇게 학습한 인공지능은 이미지와 텍스트 중 하나만 주어져도 이들의 벡터 거리로 관련 정보를 찾아낸다. 앞서 말한 '언어 그림 이론'처럼 자연어로 서술한 정보에 내재된 사실의 시각 모습을 떠올린다. 또한 이와 반대로 그림을 보며 그것이 가진 의미를 서술하는 문장을 떠올릴 수 있다.

이런 학습을 통해 자연어로 서술된 디자이너의 조형 의도가 조형 모습으로 표현된다. 또한 수정된 조형 의도를 입력하는 피드백에서 IGA는 디자이너의 조형 의도를 더 깊게 파악한다. IGA에 입력되는 자연어 문장에는 디자이너가 의도하는 조형 방향이 담겨 있어, 이 피드백에서 방향을 조정한다. 즉, 신경망의 가중치(Weight)가 조정되며 디자이너의 의도를 더 잘 반영한 조형의 생성 경로로 조율된다. 다층 신경망 퍼셉트론이 다음 층에 전할 신호의 가중치가 조정되며 경로 함수가 조율되기 때문이다. 이 가중치의 변화로 수정된 경로 함수들의 상호 작용이 IGA의 생성 지능을 만든다.

자연어를 모습으로 변환하는 인공지능

디자이너의 조형 의도를 담은 자연어는 명사, 동사, 형용사를 포함한다. 자연어의 명사는 사실 유형을 지칭하고, 동사는 사실 변화를 지칭하며, 형용사는 사실 성상을 지칭한다. 자연어의 명사는 사실 유형의 정체성을 내포하는 흐린 시각 정보로서 보편 형태를 포함한다. 동사는 사실의 공간적 배치와 위치의 변화 그리고 사실이 작동하는 구조를 포함한다. 형용사는 전두엽의 신경 활동으로 사실의 유형을 세분화한 대상의 성질과 상태를 내포한다. 여기서, 형용사는 사실의 모습을 구성하는 지각 층위 시각 요소를 전전두피질의 신경 활동으로 인식해 생성한 것이다.

인공지능은 품사로 구성되는 자연어 문장이 가진 디자이너의 조형 의도를 이해한다. 어휘의 의미를 지프(Zipf) 빈도와 연관성(Contrastive)에서 벡터 거리로 사실 모습에 대응한 것이다. 학습 빈도가 높은 조형 언어의 예는 1950년대 루돌프 아른하임이 제시한 균형, 리듬, 대비, 도형 등의 어휘다. 이들 어휘와 시각적 모습 사이의 벡터값으로 둘 사이의 유사도를 판단하고 이를 디코딩해서 조형의 요소로 사용한다. 조형을 구성하는 요소를 연합해 사실의 유형을 구성하는데, 푸른 눈은 파란의 지각 의미 요소와 눈의 유형 의미 요소를 합친 것이다.

참고문헌

Ingram, J. C. L.(2007). *Neurolinguistics: An introduction to spoken language processing and its disorders.* 이승복·이희란 옮김(2010). 《신경언어학: 언어처리와 언어장애의 신경과학적 이해》. 시그마프레스.

Radford, A. et al.(2021). Learning transferable visual models from natural language supervision. *International conference on machine learning*, PMLR, pp.8748~8763.

08
모습을 재현하는 인공지능

이미지 생성 인공지능은 자연어와 조형의 관계를 학습하고 있다. 디자이너가 자신의 조형 의도를 자연어로 입력하면 인공지능은 이들의 관계를 조형으로 해석해 표현한다. 디자이너는 자신의 조형 의도가 잘 반영되도록 자연어와 조형의 관계를 이해해야 한다.

AI와 한의학?

IGA가 조형 의미를 생성하는 구조

IGA에 자연어 문장을 제시하면, 인공지능은 그 언어 의미가 반영된 조형을 생성한다. 또한 이미지 정보를 인공지능에 제시하면 시각 모습의 의미를 잘 내포하는 자연어로 해석한다. 신경 지능이 지각, 인지, 인식 층위를 거치며 사실의 의미를 깨달아 생성한 언어를 IGA가 학습하기 때문이다. 신경 지능이 생성한 자연어에는 여러 신경 층위에서 처리한 사실의 의미가 담겨 있고, 인공지능은 데이터 세트를 학습한다. 이를 통해 디자이너의 자연어와 소통하는 인공지능은 디자인 의도를 파악하고 이를 조형으로 생성하는 것이다.

자연어의 의미를 조형으로 변환하는 능력을 갖춘 인공지능은 디자이너를 돕는 조력자(Copilot)의 지위를 가진다. 즉, 디자이너의 조형 의도를 자연어로 전달하면, 이를 이해해 이미지로 생성하는 솜씨를 갖춘 조력자다. 디자인 과제를 함께 해결할 조력자인 IGA는 솜씨와 인지 층위의 상상력에서 이미 디자이너를 넘어서고 있다. 이런 IGA의 조력을 받으려는 디자이너는 인식 층위에서 상상한 조형 의도를 대칭성이 높은 언어로 전달할 수 있어야 한다. 따라서 긴밀한 조력을 기대하는 디자이너는 자신이 제시하는 자연어의 조형 의미를 IGA가 처리해 인지하는 구조를 알아야 한다.

디자이너가 입력하는 자연어는 최소 의미 단위 혹은 음절 단위로 토큰화(Tokenization)된다. 토큰화된 자연어는 인공지능이 처리하기 쉽도록 정제되고, 일관된 형식을 갖춘 텍스트로 정규화된다. 그리고 의미 단위의 토큰을 연산할 수 있도록 수치화한 특징 데이터를 고차원 벡터 공간에 사상(Embedding)한다. 토큰에 품사를 구분하는 벡터와 문장을 구성하는 토큰의 위치 벡터를 임베딩 공간에 추가해 의미를 선명하게 한다. 이렇게 구문화(構文化)된 자연어 데이터를 트랜스포머(Transformer) 모델이 문장 의미로 처리해 조형 맥락을 인지한다. 순환신경망(RNN)에서 발전한 트랜스포머 모델은, 어텐션(Attention) 메커니즘으로 문맥을 짚어 조형 의미를 더 효과적으로 파악한다. 어텐션 메커니즘은 문장의 단어를 순차적으로 처리하지 않고 문장 전체의 맥락을 기반으로 의미 관계를 처리한다.

어텐션 메커니즘으로 문장을 구성하는 의미의 특징을 벡터화한 결과를 임베딩 공간에서 이미지 벡터 위치와 비교한다. CLIP는 임베딩 공간에서 거리가 가까운, 즉 디자이너의 문장이 내포하는 조형 의도와 유사한 이미지 요소를 찾아내는 모델이다. 미드저니 같은 거대 IGA

는 많은 이미지를 사상(Embedding)하고 있어 주제, 스타일, 색상, 구도 등의 속성을 구분한다. 입력된 자연어에서 생성된 의미 벡터는 임베딩 공간에서 유사성이 높은 이미지의 벡터를 찾아 조형으로 구성한다. 자연어와 어울리는 모습의 특징을 기반으로 벡터 공간에서 가까운 위치의 이미지를 참조해 구성하는 조형이다. 이후 참조한 이미지 정보로 구성한 조형이 사실의 모습과 일치하도록 하는 처리 과정을 거친다.

미드저니는 주로 GAN(Generative Adversarial Networks) 모델을 사용해 이미지를 생성한다. GAN은 이미지 생성자(Generator)와 판별자(Discriminator) 사이를 순환하는 이미지 개선 알고리즘이다. 생성자는 언어 임베딩 벡터로 조형을 생성하고, 판별자는 조형이 언어와 일치하는 정도를 평가하는 과정이 순환된다. 이런 순환을 통해 생성자는 판별자를 속일 수준의 이미지를 만들고, 판별자는 그 이미지를 구분하려 학습을 계속하게 된다. IGA는 이러한 경쟁적인 비지도 학습을 상호 반복하며 점차 더 정교한 사실의 모습을 이미지로 생성할 수 있게 된다. 또한 고품질 이미지 생성에는 점진적 노이즈 제거 알고리즘의 확산 모델(Diffusion Models)이 사용된다.

인식의 한계를 넘어선 인공지능

혼다의 아시모 같은 로봇의 2족 보행을 실현하는 전통적인 방법은 공학적으로 해석하고 작동 시스템으로 구성하는 것이다. 이는 신경 지능으로 2족 보행 시스템이 작동하는 구조를 그려 내고 이에 대응하는 함수로 시스템을 구성하는 것이다. 사실의 모습과 현상의 성질을 신경지능으로 깨달아 이를 수학으로 서술하는 것은 매우 어려운 과정이다. 사실과 현상은 무한에 가까운 아주 많은 성질로 구성되어 있고 이를 모두 찾는 것은 사실상 불가능하다. 동역학적 균형 피드백으로 움직임을 계획하고 이를 실시간 운동 함수로 변환해 관절 운동을 제어하는 과정이다. 하지만 움직임은 훨씬 작은 비선형 요소로 나뉘어져, 사실의 현상이 가진 수많은 성질을 다 그려 함수로 서술하기는 어렵다. 공학자들이 30년 동안 연구해 실현한 아시모의 2족 보행이 어색한 것은 이를 구성하는 성질의 극히 일부만 찾아냈기 때문이다.

이에 비해 인공지능으로 구현한 보스턴 다이내믹스의 아틀라스 같은 로봇의 2족 보행 자세는 훨씬 자연스럽다. 심층 신경망의 2족 보행 학습은 공학적인 인식 과정 없이 보행을 구성하는 성질의 비선형 요소들을 직접 인지하기 때문이다. 2족 보행 시스템의 작동 구조를 단순화해 그리는 신경 지능의 인식 과정 없이 2족 보행 성질을 구성하는 수많은 비선형 요소를 직접 학습한다. 2족 보행의 의미를 생각의 신경 활동으로 처리하기 위해 보행을 단순화한 인식을 생산하고 이를 생각으로 조작하는 과정이 생략된다. 인공지능은 인간의 2족 보행 모습을 구성하는 수많은 비선형 함수를 직접 찾아 읽고, 이들을 이어 경로 함수를 생성한다. 최근의 인공지능은 인간을 모델로 한 지도학습 대신, 중력장과 마찰을 가진 지면에서 시행착오를 통해 2족 보행을 스스로 완성한다. 이렇게 생성되는 인공지능의 2족 보행 형질은 신경 지능과 달리 조밀한 비선형 함수로 구성되어 훨씬 자연스러운 보행 행동을 보여 준다.

위의 2족 보행 시스템을 실현하는 두 가지 접근 구조를 문자 인식 시스템과 비교해 조금 더 구체적으로 인식할 수 있다. 문자 인식 시스템의 구현 과정을 단순하게 그려 보기 위해 손 글씨 숫자 인식 시스템으로 한정해 정리하면 다음과 같다. 숫자를 인식하는 메커니즘의 공학적 해는 숫자의 특징 요소를 인식하고 정의해 순차 함수로 연산하는 것이다. 즉, 숫자를 구성하는 수평과 수직 선분 그리고 곡선의 선분들을 특징으로 추출해 인식하는 과정이 필요하다. '7'자를 예로 들면, 문자 맨 위에 위치하는 수평인 선분과 이와 연결되어 아래쪽이 앞으로 경사진 수직 선분으로 구성된다. '8'을 지각하는 알고리즘은 더 복잡해지는데, 먼저 곡선 부분을 구성하는 짧은 직선의 선분을 몇도 차이로 나눌지 결정해야 한다. 10개의 숫자를 구성하는 특징 요소의 구조를 인식해 연산할 함수를 찾아 실행하는 시스템을 구성하는 과정은 긴 시간이 걸리는 복잡한 작업이다. 이에 비해 얀 르쿤의 합성곱 신경망(CNN)으로 학습한 인공지능은 2족 보행처럼 인식 과정을 생략한 채 순식간에 비선형 함수로 처리한다.

소비자와 디자이너의 언어 사이 비대칭성

지난 200년 동안, 수학을 예측 도구로 사용하며 과제를 해결해 온 공학 패러다임은 매우 유용했다. 관념적 인식으로 해결하지 못할 수많은 과제를 해결하며 20세기의 현대 문명을 구축하는 데 중요한 역할을 해 왔다. 하지만 21세기에 들어선 인류는 이제 이런 공학이 매우 비효율적임을 인공지능을 통해 깨달아 가고 있다. 공학뿐만이 아닌, 근대 이후 구축된 지식을 생산하고 과제를 해결하는 모든 방법이 마찬가지다. 과제를 해결하기 위해 신경지능이 거쳐 온 많은 과정을 인공지능은 건너뛰고 있다.

이미지 생성 인공지능(IGA)이 조형을 그리는 구조 역시 위의 예들과 비슷하다. 대학 교육을 통해 신경 지능이 얻는 디자인 지식은 공학을 구성하는 인식과 함수의 엉성함과 비슷하다. 인간의 솜씨로 그린 초상화를 감상하는 두뇌의 신경 활동은 절대 불쾌한 계곡(Uncanny Valley)에 도달하지 않는다. 불쾌한 계곡은 사람의 얼굴과 매우 비슷하지만 약간 차이가 나는 얼굴 모습을 심층 인지하기 위한 신경 활성화로 경험하는 불쾌함이다. 19세기에 완성되었다고 자평하는 초상화 화법은 거짓 얼굴을 구분하려 활성화되는 두뇌 신경 활동에도 이르지 못할 만큼 거칠다. 얼굴의 기형성을 인지하려 활성화되는 두뇌 활동조차 일으키지 못할 만큼 초상화의 화법은 엉성하다.

소비자가 사실을 유형으로 구별하는 지능 활동과 디자이너가 대상의 조형 모습을 생산하는 신경 활동에는 차이가 있다. 하지만 디자이너는 소비자가 아닌 자신이 경험하는 조형의 좋음을 양식으로 기억하고 재현하려 한다. 소비자의 신경 활동 구조를 이해하지 못하고 있는 바우하우스 패러다임의 디자인 교육을 받기 때문이다. 1920년대 신경 과학의 불모지에서 자신이 표현한 회화적 아름다움을 따라 하도록 하던 화가들이 만든 교육 시스템이다. 이를 통해 소비자와 디자이너의 각기 다른 신경 지능 활동이 생산한 조형 언어 역시 서로 다른 의미일 가능성을 추측할 수 있다. 이미지 생성 인공지능(IGA) 역시 2족 보행과 문자 인식 AI처럼 구조적인 인식 과정 없이 수많은 비선형 함수로 지각한다. 비선형 함수로 재현하는 2족 보행과 문자 인식 학습이 훨씬 빠르고 실현이 자연스러운 것처럼 IGA의 표현 솜씨 역시 훨씬 사실적이다. 인공지능이 인간의 2족 보행을 섬세하게 학습하고 자연스럽게 재현하는 것처럼, IGA 역시 기존 디자인보다 섬세하게 학습해 자연스럽게 재현한다.

인공지능으로 디자인 과제를 해결하려는 디자이너는 IGA가 표현한 조형에서 자신의 섬세한 디자인 의도가 읽히지 않아 실망한다. 이는 인공지능이 조형 생성에 사용하는 어휘의 빈도가 디자이너의 언어가 아닌 소비자의 자연어를 학습한 것이기 때문이다. 즉, 인류의 대다수를 차지하는 소비자가 생성한 어휘를 학습한 인공지능의 어휘 사전에서 조형 언어는 순위가 낮다. 따라서 인공지능은 디자이너가 의도하는 조형의 모습을 생성하는 데 사용할 정제된 언어를 가지고 있지 못한다. 다른 하나는 솜씨에 의존하는 디자인 패러다임이 조형 표현에 전문화된 언어를 갖지 못하는 한계다. 디자이너 조형 의도의 많은 부분은 소비자의 미의식 그리고 이를 담은 자연어와 상관성이 낮다.

참고문헌

Ananthaswamy, A.(2024). *Why machines learn: the elegant maths behind modern AI.* Random House.

Vaswani, A. et al.(2017). Attention is all you need. *Advances in neural information processing systems, 30.*

Wei, R.(2023). A study on basic formative education based on linguistic intelligence design. Hongik University, Graduate School.

09
IGA와 소통할 디자인 언어

디자이너는 암시(暗示) 영역인 지각 층위의 미의식을 인식하지 못한다. 현대 과학은 지각 층위 미의식의 조형 발생 구조를 알려 준다. 특히 신경 미학은 미의식의 신경 활동 구조를 알려 준다. 디자이너는 과학 분야의 언어를 사용해 인공지능과 소통할 수 있다.

AI와 화장품?

조형 인식을 표상하는 언어

디자이너가 인공지능과 소통하려면 조형 의도를 전할 자연어를 가져야 한다. 조형 의도를 담은 자연어는 조형의 구조 의미를 재료로 하는 생각의 신경 활동으로 생성된다. 생각의 신경 활동은 구조적 인식 기억을 재료로 작동하므로, 디자이너는 아름다움의 조형 구조를 인식해야 한다. 하지만 솜씨의 암시 신경 활동으로 조형을 만들어 온 디자이너들은 자신의 조형 언어를 갖추기 어렵다. 조형 인식을 억제해 온 바우하우스 디자인 패러다임이 인공지능의 사용을 방해한다.

디자인 조형 어휘를 갖지 못한 디자이너가 인공지능(IGA)과 소통하려면 조형 언어를 주변 학문에서 빌려 와야 한다. 이를 위해 두 가지의 이해가 필요한데, 하나는 조형에서 느낀 아름다움을 모습이 아닌 구조로 이해하는 것이다. 신경 미학과 진화 미학 그리고 공간 미학과 언어 미학을 통해 IGA 조형의 미의식을 이해하는 것이다. 신경 미학은 아름다움을 처리하는 두뇌 지능 활동이 가진 계층과 관계의 구조를 알려 준다. 진화 미학은 인류가 미의식을 가지게 된 진화 과정에서의 필연성으로 신경 활동 구조를 해석할 수 있게 돕는다. 공간 미학은 사실의 모습이 발생하는 시공간의 성질과 두뇌 미의식 사이 대칭성에서 공간의 구조와 조형의 관계를 탐구한다. 언어 미학은 이 세 가지 구조로 아름다움을 느끼는 미의식과 이를 담은 자연어의 시각 의미를 해석한다.

네 가지 아름다움의 구조를 하나로 연결하면 자연의 조형은 반드시 그 모습으로 만들어지는 필연적인 성질을 가지고 있다. 나무는 한정된 생존 자원으로 세상과 물질 교환을 극대화하기 위해 가지를 분지(Bifurcation)하는 형질을 가져야 한다. 이런 나무의 유전자에는 나뭇가지가 일정 길이로 자라면 분지하고 되먹임되는 공간 구조의 유전 정보를 가진다. 나무 유전자의 공간 구조는 유클리드 평면의 텅 빈 공간이 아닌 분기점의 하우스도르프 차원 공간이다. 유전자 정보 공간의 하우스도르프 차원은 스케일이 사라지고 되먹임 구조만 남은 것으로 정의된다. 즉, 유전자의 공간 구조가 나무의 형질로 발현되는 시공간은 하우스도르프 차원을 따르는 프랙털 성질을 가진다. 세상의 사실은 이렇듯 유전 정보 구조로 발현되어 다른 모습을 띠더라도 생성 구조가 같아서 두뇌는 이를 인지해 아름다움을 느낀다. 공간 미학은 유클리드 공간과 프랙털 공간 그리고 카오스(Chaos) 시공간의 구조로 발생하는 사실의 아름다움을 설명한다.

진화 미학은 이렇게 생성된 사실의 모습에 이끌리는

생존 행동의 동기로서 미의식을 설명한다. 세상의 사실은 흩어진 우연이나 순수한 결정론으로 만들어지는 것이 아닌, 복잡계 질서를 간섭하는 무질서로 만들어진다. 세상을 이루는 공간의 필연적 성질을 따라 발생하는 사실의 모습은 그 공간의 성질을 선명하게 반영하고 있다. 따라서 사실의 모습이 가진 필연적 생성 구조에서 사실이 가진 고유한 형질을 읽을 수 있다. 반짝이는 투명한 과일은 이들이 담고 있는 탄수화물이 단당류로 분해되어 먹어도 될 시점임을 알려 준다. 화려한 색채로 펼쳐진 넓고 화려한 꽃밭은 한 계절 후 이곳으로 돌아와 다양한 알뿌리를 풍성하게 얻을 수 있음을 알려 준다. 우리가 느끼는 아름다움은 이와 같이 홍적세 사바나의 사실들이 가진 생존 가치를 잘 인지하려는 신경 활동이다.

신경 미학은 공간의 필연적 성질로 발생한 사실의 모습에서 아름다움을 느끼는 두뇌 신경 활동의 구조를 설명한다. 지각 층위의 신경 활동은 나무의 분지와 꽃의 피보나치 수열의 구조를 읽어 질서로서의 생명 현상을 알아챈다. 인지 층위 신경 활동은 이들 지각 층위 정보들을 하나로 통합해 생명으로서 생존적 가치를 인지한다. 인식 층위 지능은 계절을 따라 변화하는 생존 자원을 알아채고 적절한 채집 시점을 결정한다. 신경 미학은 각각의 시지각 층위 신경 활동과 아름다움의 관계를 알려 준다.

언어 미학은 사실이 가진 아름다움과 그 아름다움에 이끌리는 행동의 구조 그리고 이를 담고 있는 자연어의 의미를 설명한다. 신경 활동으로 생성되는 자연어에는 아름다움의 유인 자극 구조와 아름다움에 이끌리는 지능의 구조가 담겨 있다. 하지만 두뇌 지능 층위와 언어 지능의 연결 관계로 미의식을 표상하는 어휘의 분포는 균질하지 않다. 디자이너들이 사용하는 지각 층위 미의식은 암시 영역이기 때문에 이를 표상하는 어휘는 빈도가 낮다. 이에 비해 대상을 구별하는 인지 층위 미의식을 표상하는 자연어 어휘는 높은 빈도를 가진다. 디자이너가 자신의 조형 의도가 반영되지 않았다고 느끼는 것은 이들 두 어휘 사이의 편향성 때문이다.

유형 의미를 표상하는 언어

다른 하나는 지프(Zipf) 빈도가 높으면서 조형의 구조 인식을 표상하는 어휘를 고르는 것이다. 수학과 과학에서 생성된 조형 구조 의미의 어휘는 소비자의 인지 어휘에 비해 낮은 빈도의 지프 분포를 보인다. IGA가 학습하는 조형 모습과 언어 의미 데이터의 대부분은 소비자의 신경 활동이 반영된 데이터 세트이기 때문이다. 소비자의 조형 모습과 의미의 관계 데이터 세트를 학습한 IGA의 지능 활동 구조는 소비자의 미의식과 자연스럽게 대칭을 이룬다. 즉, 소비자가 가진 사실의 모습과 인지 층위 의미 관계가 사상(Mapping)된 IGA의 시각 의미 사이 대칭성이다.

디자인 과제를 해결하는 관점에서 인공지능의 어휘는 소비자의 미의식이 지프 분포한 것이다. 명사는 소비자가 사실의 모습과 냄새 그리고 소리와 촉감 같은 감각의 경험 기억을 인지해 생성한 유형 의미다. 하지만 디자인 과제를 해결하는 데 더 높은 효용성을 가진 언어는 조형의 시각 구조를 선명하게 담고 있는 인식 언어다. 조형 인식 언어는 복잡계 수학과 과학 그리고 유전체학과 공간 미학 등의 연구로 생성된 조형의 발생 구조를 담는다. 소비자의 유형 언어는 빈도가 높지만 흐린 모습이고, 인식 언어는 낮은 빈도지만 조형 의미가 선명하다. 위와 같이 유형을 표상하는 인지 층위 언어와 구조를 표상하는 인식 층위 언어는 먼 벡터값을 가진다.

이 문제를 극복하는 방법 중 하나는, 인식 의미를 공유하는 다수의 유형 어휘를 함께 사용하는 것이다. 조형의 생성 구조를 흐릿하게 담은 유형 어휘를 둘 이상 사용한 명제에서 교차 표상되는 인식 의미를 사용한다. 다른 하나는 조형 구조를 선명하게 표상하는 유형 의미 어휘로 조형의 구조 인식을 담은 낮은 빈도의 어휘를 대체하는 방법이다. 복잡계의 구조 인식을 담은 '분지(Bifurcation)'는 이와 의미 유사도가 높은 '나뭇가지' 모양 같은 사실의 유형 어휘로 대체할 수 있다. 또 다른 하나는 유형 의미 대상의 성질을 구조로 환원해 표상하는 성상 형용사로 유형의 모습을 세분화해 규정하는 것이다. 전전두피질 신경 활동이 유형의 조형 의미를 세분화한 형용사는 디자이너의 의도를 선명하게 규정하도록 돕는다.

디자이너의 의도가 잘 반영된 조형을 생성하려면 자연어와 IGA 작동 구조의 관계를 알아야 한다. 즉, 자연어가 표상하는 조형의 모습과 인공지능으로 생성한 모습 사이의 대칭성을 읽을 수 있어야 한다. 디자이너는 조형 의미를 자신의 심상으로 선명하게 그려 내고 이를 자연어 Corpus로 구성해 IGA에 제시해야 한다. IGA가 재현한 조형 이미지에서 디자이너가 구성한 조형의 구조 의미와 이를 표상하는 인지 의미를 읽을 수 있음을 의미한다. 인공지능과 협업해 디자인 과제를 해결하려는 디자이너는 자신의 조형 의도를 표상할 자연어를 가져야 한다. 디자이너는 조형 의미를 담은 자연어를 매개로 자신의 디자인 의도를 떠올릴 수 있어야 한다.

자연어는 세상의 사실 모습을 경험하며 얻은 감각 기억을 의미 기억으로 변환하며 만들어진다. 감각이 의미로 변환되는 순서는 1차 시각피질, 2차 시각피질, 3차 시각피질 그리고 브로카 영역과 전전두피질이다. 이들 영역에서 시각 정보가 처리되는 단계는 1차 형태 지각, 2차 형상 지각, 3차 표상 인지 그리고 변화의 동사와 구조의 형용사 인식이다. 언어를 생성하는 데 여러 신경 층위를 거쳐야 하는 두뇌와 달리 인공지능은 이미지와 언어 의미 세트에서 직접 언어가 생성된다. 신경 지능 활동과 인공지능 활동에 의한 언어와 시각 의미 사이 대칭과 비대칭성 인식으로 IGA의 조형을 독해할 수 있다.

참고문헌

Ananthaswamy, A.(2024). *Why machines learn: the elegant maths behind modern AI.* Random House.

Ford, M.(2018). *Architects of Intelligence: The truth about AI from the people building it.* Packt Publishing Ltd. 김대영 옮김(2019). 《AI 마인드: 세계적인 인공지능 개발자들이 알려주는 진실》. 터닝포인트.

Wang, G. C. & Cho, T. Y.(2025). A Study on the Derivation of Design Language Based on Neuroaesthetics and the Application of Artificial Intelligence. 《한국디자인문화학회》, 31(1), 295~311쪽.

Wei, R.(2023). A study on basic formative education based on linguistic intelligence design. Hongik University, Graduate School.

10
인공지능 조형 생성 코퍼스

인공지능이 생성하는 조형과 디자이너가 구성하는 자연어 말뭉치는 대칭성을 가진다. 다만 이를 대칭으로 해석하려면 둘을 갈음으로 이어 줄 함수가 필요하다. 유형 명사의 교차 해석과 동사의 변화 그리고 유형을 환원하는 형용사를 사용해 이어 줄 수 있다.

종교와 AI?

조형 코퍼스의 지각 명제

디자인 과제 해결에 IGA를 사용하려면 조형 의미를 선명하게 표상하는 언어 의미가 필요하다. 언어 의미는 하나의 단어나 문장이 아닌, 조형 요소를 지각하는 신경 활동의 과정을 표상하는 자연어 문장들의 집합이다. 이는 '언어 그림 이론'에서 사실의 상태를 구성하는 명제와 비슷하며 이들 명제 사이 상관관계도 포함한다. 명제는 조형을 구성하는 시각 요소를 지각하는 신경 활동을 구조적인 자연어 문장들로 표상한다. 또한 사실의 유형 인지와 생성의 구조 인식으로 생성한 조형 의미를 표상하는 자연어도 이에 포함된다. 디자이너의 조형 의도가 선명하게 생성하도록 인공지능에 요청하려면 신경 활동을 반영한 언어 의미가 필요하다.

코퍼스(Corpus: 자연어의 말뭉치)는 인공지능과 소통하기 위해 디자이너의 조형 의도를 담은 자연어 명제의 집합을 의미한다. 보편적으로 사용되는 프롬프트(Prompt) 대신 코퍼스를 사용하는 이유는 명제들 사이의 상관관계를 구성하기 위해서다. 인공지능에 작업 수행을 요청할 때, 프롬프트를 사용하는 디자이너는 조형 의미의 언어 맥락을 가지기 어렵다. 여러 줄의 프롬프트로 구성해도 상관관계가 부족하면 디자이너의 의도를 선명하게 담기 어렵기 때문이다. 조형을 구성하는 여러 지각 층위의 의미를 구성하려면 인식 층위 언어 의미가 치밀해야 한다.

코퍼스는 조형을 지각하는 디자이너의 1, 2, 3차 시각 피질과 브로카 영역 그리고 전전두피질의 신경 활동을 담은 자연어 명제의 집합이다. 코퍼스를 구성하는 명제와 조형을 구성하는 지각 요소는 1:1 대칭 관계로 각 명제는 조형을 구성하는 각각의 지각 요소를 담는다. 코퍼스의 명제로 서술된 조형은 청사진처럼 조형 요소의 공간적 위치 관계가 아닌 조형 요소의 구조적 상관관계다. 이는 요리를 서술하는 레시피(Recipe)에 더 가까운데, 요리를 구성하는 재료의 상관관계로 재현되는 것과 같다. 모양과 위치 값이 명확하게 결정된 청사진과 달리 조형의 지각 요소는 구조적인 상관관계로 표현된다. 예를 들어, 레시피의 소금은 위치 값은 없지만 그 양은 요리의 가치에 지대한 영향을 미친다.

조형 생성 과제를 해결하도록 인공지능에 요청하는 코퍼스는 청사진보다 레시피의 관계 구조에 가깝다. 조형의 모습과 의미를 처리하는 시각 지능의 작동 구조는 위치 값이 아니라 대상이 가진 지각 요소들의 성질이다. 요리사는 여러 요리 경험에서 얻은 시행착오의 일화를 인식 층위로 옮겨 오며, 고기와 소금 양의 비례 관계를 인식하게 된다. 또한 향신료가 고기의 풍미에 미치는 영향과 가열 시간의 시행착오에서 적절한 상태를 미각 경험을 통해 찾아낸다. 이를 감상하는 소비자는 자신의 미각 경험에서 느낀 좋음의 정도로만 맛의 가치를 느끼게 된다.

재료의 물리 화학적 성질로 구성하는 요리사의 레시피와 달리 디자이너가 시각으로 경험한 일화는 인식 층위로 옮기기 어렵다. 식재료같이 선명한 미각 성질을 가진 대상을 조합하는 것이 아닌 아름다움을 구성하는 시각 요소는 물리적 대상으로 구분되지 않기 때문이다. 아름다움을 경험하는 조형에는 이미 이를 구성하는 시각 요소들이 뒤섞여 있어 구조를 분리하고 추출해 인식으로 옮기기가 어렵다. 전통적인 디자인 방법은 요리와 같이 조형 만들기의 시행착오를 경험하지만, 구분되지 않는 지각 요소는 인식되지 않는다. 이를 극복하는 방법은 조형 제작 경험을 기억하는 것이 아닌 디자이너가 자신의 신경 활동을 인식하는 것이다. 사실의 모습이 생성되는 조형의 구조보다 이를 처리하는 지능의 구조가 간단하기 때문이다.

디자이너는 자신의 눈앞에 있는 조형에서 아름다움을

느끼는 자기 신경 활동을 읽을 수 있어야 한다. 붉고 투명한 광택으로 달콤함을 표상하는 과일의 모습에서 느껴지는 미각과 이를 언어로 표상하는 언어 신경 활동이다. 금속 표면의 부드러운 계조와 색채 그리고 광택이 섞인 시각 자극을 아름다움의 요소로 사용해 디자인할 수 있다. 애플의 아이폰이 사용하는 디자인 재료는 이렇듯 지각 층위 신경 활동이 읽으려는 생존 가치의 표상이다. 두뇌 지각 층위 신경 활동은 광택성과 투명성의 색조를 처리해 모이랑의 인지 의미 재료로 사용할 수 있게 한다. 자연이 생산한 생존 자원의 의미를 구별하기 위해 지각 층위의 신경 활동으로 처리하는 시각 단서들이다.

신경 활동이 처리하는 시각 요소는 매우 명료해 이를 이해하면 IGA로 재현할 조형을 구성하는 어휘, 명제, 코퍼스의 생산이 쉬워진다. 유한한 지능 자원으로 사바나 생존 환경에 적응하는 수백만 년의 계통 발생 학습에서 두뇌는 세상을 축약해 왔다. 세상의 사실이 가진 모습을 모두 기억하는 것이 아닌 사실이 발생하는 필연적 성질을 아는 지능이다. 세상을 이루는 사실들의 모습은 복잡하지만, 이들을 발생시키는 구조는 단순하기 때문이다. 두뇌는 사실의 모습을 기억하는 것이 아닌 사실이 발생한 구조를 덧댄 유형 기억으로 사실을 구별한다. 사실의 모습을 희미하게 기억하고 의미를 선명하게 기억해 세상을 바라보는 두뇌의 신경 활동이다.

조형 코퍼스의 인지 명제

두뇌는 사실의 발생 구조를 지각하는 자신의 신경 활동을 자각(自覺)하지 못한다. 지각 층위인 1, 2차 시각 피질의 신경 활동은 자각 층위인 전두극으로 전달되지 않기 때문이다. 지각 층위 지능이 자각 층위로 전달되지 않는 것은 운용 비용이 큰 두뇌를 효과적으로 사용하기 위해서다. 사바나가 생산하는 생존 자원을 찾고 채집하는 활동에는 생존 가치가 높은 사실을 구분할 수 있는 것으로 충분하다. 제품을 생산하지 않는 소비자가 그 제품의 감각 의미에 이끌려 구매하면 충분한 것과 같다. 자연이 생산하는 제품의 소비자였던 인류는 생존 가치가 큰 제품을 구별하고 채집할 수 있으면 된다.

소비자인 인간의 두뇌가 자각하는 첫 신경 활동 층위는 사실의 유형 의미를 인지하는 단계다. 이는 미각과 후각 그리고 청각과 촉각의 경험을 더해, 어떤 사과가 더 맛있는지 구별할 수 있는 지능이다. 달콤함과 향기 그리고 아삭거리는 소리와 묵직하고 붉은 광택의 감각 의미들이 결합하며 맛있는 사과를 인지하게 된다. 맛있는 사과가 높은 영양가를 가지는 사실을 알 필요 없이, 더 맛있게 보이는 사과를 채집할 수 있는 지능이면 충분히 유용하다. 인간의 유한한 두뇌는 이렇듯 세상의 모든 것을 알 필요 없이 유용한 사실의 유형 의미를 알면 충분하다. 사실의 발생 구조를 알아채는 지각 층위의 지능이 암시 영역에 머무는 이유다.

지각 층위 지능의 작동 구조를 알아야 할 필요가 생긴 것은 자연을 대신해 스스로 생존 자원을 생산하게 되면서부터다. 아름다움의 가치를 지각하는 데 90%의 두뇌를 사용하는 소비자를 만족하는 조형을 직접 만들어야 했기 때문이다. 자연이 생산한 제품을 섬세하게 구분하던 소비자를 만족시키기 위해 제품에 지각 구조를 투영해야 한다. 조형 생산 과제를 해결할 근접인(Proximate Causation)의 패러다임으로 제시된 것이 바우하우스의 디자인이다. 바우하우스 디자인은 소비자의 사바나 채집 감성을 20세기 산업 제품에 덧대는 방법을 제시했다. 디자이너의 조형 경험에서 느낀 아름다움을 제품에 덧대는 방법이었다.

IGA와 협업으로 디자인 과제 해결을 요청하는 코퍼스에는 유형 인지 자연어를 사용할 수 있다. 유형 의미의 명사에는 인간의 신경 활동이 자각하지 못하는 여러 감각 의미 기억을 풍성하게 담고 있다. 이를 인식하지 못하는 신경 지능과 달리 인공지능은 유형의 인지 어휘에 담긴 흐릿한 구조를 잘 읽기 때문이다. 다만 언어의 생산자인 인간의 두뇌가 유형에 담긴 감각 의미를 자각하지 못해, 유형 의미가 가진 지각 구조를 인식하지 못할 뿐이다. 따라서 유형의 인지 층위 어휘를 교차 사용하면 흩어져 있는 지각 층위 의미를 강화해 사용하도록 할 수 있다. 둘 이상의 유형 어휘가 교차해 담은 조형 생성 구조를 인공지능이 찾아 조형을 구성하게 하는 것이다.

유형 층위 언어에 이르면 사실의 모습은 희미해지지만, 사실의 의미가 선명하게 드러난다. 하지만 사실의 의미와 사실의 모습 데이터 세트를 학습한 IGA는 선명한 의미와 모습을 저장하고 있다. 또한 낮은 빈도지만 사실의 모습과 그 모습이 발생한 구조의 인식 의미를 교차 학습해 지각 층위 의미도 가진다. 신경 지능의 시각 기억 대부분은 인지 층위의 유형에 담겨 있으므로 이를 환원하면 사실 모습을 재현하는 재료로 사용할 수 있다. 두뇌가 사실의 모습을 기억하는 것이 아닌 발생 구조의 기억으로 구성한 유형 인지 기억임을 인식하면 알 수 있다.

디자이너가 신경 지능과 인공지능의 언어 구조를 알면, 높은 맥락성을 가진 조형적 코퍼스를 구성할 수 있다. 신경 지능과 인공지능 사이의 비대칭을 대칭으로 변환하는 함수 구조로 디자이너의 의도를 재현하게 할 수 있다. 인공지능 환경에서 디자이너의 역량은 인공지능이 생성하는 조형과 높은 대칭성을 지닌 자연어로 코퍼스를 생성하는 것이다. 그런 의미에서 인공지능 환경에서 디자이너의 역량은 솜씨와 상상력이 아니라 조형의 구조를 이해해 서술하는 능력이다. 한발 더 나아가, 소비자인 인간의 소망을 인식해 이를 제품으로 재현하는 것으로 확장할 수 있다.

참고문헌

Wang, G. C. & Cho, T. Y.(2025). A Study on the Derivation of Design Language Based on Neuroaesthetics and the Application of Artificial Intelligence. 《한국디자인문화학회》, 31(1), 295~311쪽.

Wei, R.(2023). A study on basic formative education based on linguistic intelligence design. Hongik University, Graduate School.

조택연

-137억 년. 아직 시간과 공간이 없다. 빅뱅 후 90억 년이 지나 생명의 끈이 태양계에 뿌려질 것이다. -35억 년. 갯벌의 진흙 알갱이가 생명을 담기 시작했다. 나의 시작은 여기서부터다. 포유류의 뇌에 기억 공간이 나타났다. 내가 찾을 공간이다. 인류로 진화한 나의 끈에 언어 지능이 나타났다. 나는 사피엔스 사피엔스, 무리 지능으로 아프리카를 떠난다. 1943년 최초의 컴퓨터 콜로서스가 에니그마 암호를 해독한다. 진공관이 실리콘 칩으로 바뀌면 나의 두뇌가 확장을 시작한다. 1961년 유전자 끈을 벗어나 82년 혹은 124년쯤의 사유가 허락된 생명이 되었다. 컴퓨터가 내게 왔다. 기억이 나의 뇌를 벗어난다. 나의 사유가 복잡계를 향한다. 인공지능이 나타났다. 이제 나의 사유는 모든 곳에 머문다. 나를 세상에 존재하게 한 사건들이다. 이 사건의 발생 시점이 3년 이상 달랐다면 많은 즐거움을 잃었을 것이다.

중앙대학교에서 건축을 시작했다. 존 요한센 교수님과 디지털 공간과 물리 공간의 결합을 발견했다. Perkins & Will, New York에서 실무 경험을 쌓았다. Pratt에서 "맨해튼 재생 계획안"으로 석사가 되었다. 공간지에 "복잡한 도시"를 기고해 디지털과 물리 공간의 결합을 선보였다. UCLA에서 "Gaia Project"로 석사가 되었다. 첫 번째 개인전 "Gaia Project". 경기대학교 건축전문대학원에서 사유를 시작했다. 뉴욕 주 건축사 그리고 중앙대학교에서 박사 과정을 시작했다. 두 번째 개인전 “Spectrum of Paradigm”. 세 번째 개인전 “2042 그리고 2084”. CPU가 무어 법칙을 벗어나며 시작된 긴 슬럼프, 위안은 진화 심리학과 뇌 과학의 탐구 그리고 영화 〈원더풀 데이즈〉 디자인. 첫 번째 책 《퓨즈원더》가 세상으로 나왔다. “유비쿼터스 공간에서 하이퍼 매스 건축”으로 공학 박사가 됐다. 홍익대학교 산업디자인학과로 사유 공간을 옮겼다. 알파고가 인간의 바둑을 넘어섰다. 두 번째 책 《디자인 인류》. 2025년 인공지능 디자인의 언어 대칭성을 사유한다.